健身走·健身跑

全民健身项目指导用书

李荣薇　林景宏◎主编

吉林出版集团股份有限公司　全国百佳图书出版单位

图书在版编目（CIP）数据

健身走·健身跑 / 李荣薇，林景宏主编. -- 2 版
. -- 长春：吉林出版集团股份有限公司，2010.2（2024.8 重印）
全民健身项目指导用书
ISBN 978-7-5463-2406-7

Ⅰ. ①健… Ⅱ. ①李… ②林… Ⅲ. ①步行 - 健身运
动 - 基本知识②跑 - 健身运动 - 基本知识 Ⅳ. ①
R161.1②G822

中国版本图书馆 CIP 数据核字(2010)第 028526 号

全民健身项目指导用书

健身走·健身跑
JIANSHENZOU　JIANSHENPAO

主　　编　李荣薇　林景宏
责任编辑　黄群　杜琳
封面设计　吕宜昌
开　　本　650mm×960mm　1/16
印　　张　8
字　　数　60 千
版　　次　2010 年 2 月第 2 版
印　　次　2024 年 8 月第 4 次印刷
出版发行　吉林出版集团股份有限公司
地　　址　吉林省长春市福祉大路 5788 号
邮　　编　130000
电　　话　0431-81629968
电子邮箱　11915286@qq.com
印　　刷　三河市金兆印刷装订有限公司
书　　号　ISBN 978-7-5463-2406-7　定　价　39.80 元

序言

自 1995 年我国政府推出《全民健身计划纲要》以来，我国群众性体育活动蓬勃发展，取得了显著的成绩。2008 年，举世瞩目的北京奥运会的成功举办，极大地激发了亿万人民群众的体育热情，增强了全社会的体育意识，营造了浓厚的全民健身氛围。面对这样的可喜局面，群众体育科研、教学工作者应义不容辞地为社会实践服务，从不同角度思考，如何使普通百姓通过简而易行的身体锻炼方式、方法和手段达到良好的健身效果，达到拥有健康的目标，从而享受生活、享受快乐人生。该书系就是在这样的思想指导下诞生的。

本书系能够顺应国家体育的大政方针，掌握时代脉搏，对指导大众健身，使大众掌握健身方法和手段有很好的促进作用。

本书系图文并茂，实用性强，分为球类运动、体操健身运动、传统武术、冰雪运动、水上运动、体育舞蹈、休闲运动、格斗运动、民间体育活动和极限运动等十大类项目，计 100 分册，按照统一的体例，力争有所创新。每册的具体内容为该项目的起源与发展、运动保健、基本技术、运动技巧、比赛规则等，使读者在学习过程中，不仅能够学会运动健身的方法，同时还能够学到保健方面的基本知识。

　　经国务院批准，自 2009 年起，将每年的 8 月 8 日定为"全民健身日"。《全民健身项目指导用书》的出版，必将为开展全民健身活动起到积极的推动和指导作用。

目录 CONTENTS

目录 CONTENTS

第一章 概述

　　健身走与健身跑均属于有氧运动，都是以增强人体代谢功能为目的的持久性运动方式。伴随着全民健身热潮的不断升温，普通大众对于如何保持身体的健康更加关注，健身走与健身跑已成为人们能够满足自己运动需要的可行方法。

起源与发展

健身走与健身跑是近年来兴起的有氧健身运动，由于其难度较低，易于开展，因而受到人们的普遍欢迎。

起源

最早提出有氧运动概念的是美国空军运动研究室的医学博士肯尼思·库珀。经过多年的研究探索，肯尼思·库珀创立了闻名世界的"有氧运动法"。他指出，有氧运动能够通过耐力运动来改善血液循环系统和呼吸系统，提高心肺功能，使全身各个组织和器官都得到良好的氧气和营养供给，维持最佳的功能状态。退役后，肯尼思·库珀于1971年成立了一家集医疗、科研和健身俱乐部于一体的有氧运动中心。目前，流行于全世界的"12分钟跑体能测验"、"有氧运动得分制"等都是由他提出的。肯尼思·库珀使成千上万的美国人加入了跑步锻炼的行列，人们称他为"有氧运动"之父。

后人将库珀创造的"有氧运动法"与走和跑相结合，就产生了健身走与健身跑这两种运动形式。

发展

走和跑是人类最基本的运动方式，健身走与健身跑也被公认为是最经济、最安全、最自由、最容易坚持终身锻炼的运动。因此，在长期的发展过程中，健身走和健身跑深受人们的喜爱。

传播

健身走与健身跑具有运动强度适中、规律性强等特点，而且运动费用低廉，运动场地易得，适合在普通大众中开展，因而很快便流行起来。

一些体育方面的专家，更在健身走与健身跑中融入了更加系统的有氧运动的科学健身方法，使得这两项运动更加科学和健康。

随着人们的广泛参与，健身走与健身跑的形式也不断得到创新和改进，出现了赤脚走、踏石走和水中跑步等多种形式。

 发展趋势

健身走与健身跑运动的技术特点简单、易掌握，可使身体得到全面的锻炼，男女老少均可参与。此外，该项运动不受场地、器材的限制，可在田径场、公路、树林、公园及田间小路等地练习，是我国全民健身运动中普遍开展的项目之一。目前，已经有越来越多的人加入到健身走、健身跑运动中来。

第二节

场地和装备

健身走与健身跑运动对场地和装备没有特殊要求，因此非常容易开展。

 场地

健身走和健身跑对场地没有特殊要求，只要空气流通，有足够的活动空间即可。

 健身走场地

❋ 规格

选择一条合适的运动路线，可以是公园小径、学校操场、住所附近，也可以是上下班的途经小路。常走路线应选择人流量少、通风、空气好的地点。

 要求

(1)如果进行快步走,可以选择水泥地面,以免速度过快使脚踝受伤;

(2)如果要按摩脚底,刺激脚部神经末梢,可以选择鹅卵石地面;

(3)如果采用特殊的走法,为减少伤害,建议选择塑胶地面。

健身跑场地

操场

操场是最常见、最普通的健身跑场地,地面平坦,安全系数比较高。

公园

公园环境优美、空气宜人,非常适合健身跑运动。

林间小道

林间小道空气新鲜、比较凉爽,是较好的健身跑场地之一。

海滩

海滩是最理想的健身跑场地之一。脚踏在软软的沙滩上,一边跑步一边看海,心境开阔。如果光脚跑,让细小的沙砾刺激脚底的神经,还能起到按摩保健的作用。

 **装备**

在进行健身走与健身跑运动时,为了达到良好的健身效果,应选择合适的运动装备。

服装　见图1-2-1

款式

(1)夏季应尽量穿简单、凉快的衣服,男子穿背心、短裤,女子穿短衣、短裤即可;

（2）春季和秋季应尽量穿着方便脱或穿的外衣，以便在运动中随时增减衣服；

（3）冬季一定要注意保暖，但不能妨碍运动，穿绒衣、绒裤之类均可。

※ 要求

（1）健身跑应选择透气性、吸汗性较强的服装；

（2）在运动后要立即穿好外衣，贴身衣服如被汗水浸透，一定要及时更换；

（3）冬季在锻炼完毕后，应格外注意防风保暖，做好整理活动后不宜在户外久留，以防感冒。

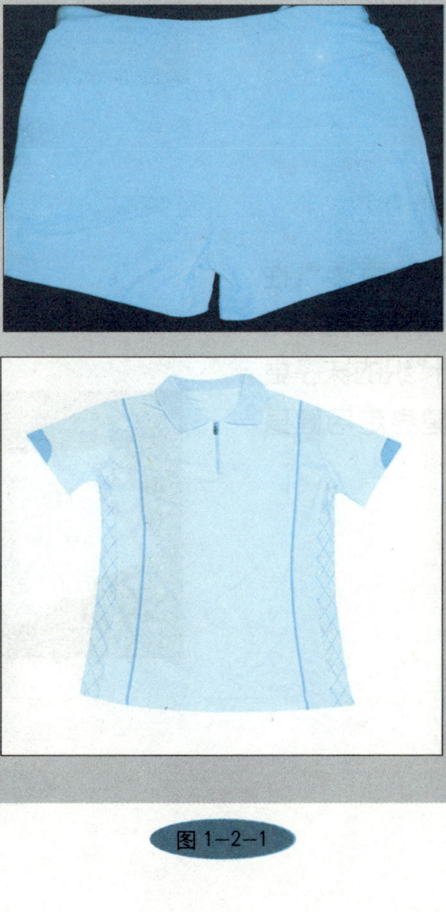

图1-2-1

 鞋　　见图 1—2—2

款式

　　运动时需穿着弹性好、柔软性强的运动鞋。如果是专业的跑鞋效果更好，这样可以缓冲脚底的压力，以防止关节受到损伤。

要求

　　进行长距离的健身走与健身跑时，脚后部位易出现肿胀现象，因此应特别注意鞋的尺寸，以脚跟与鞋子之间能插进一根手指为宜。

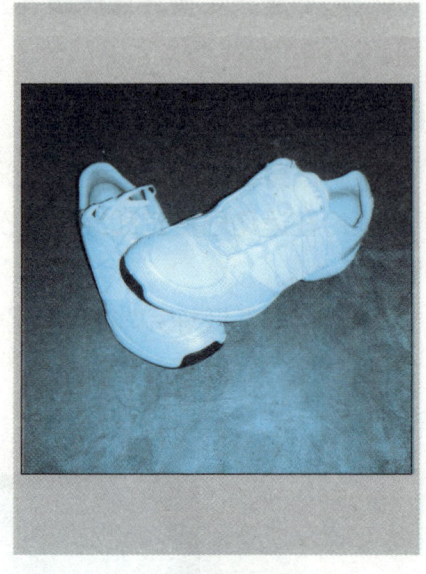

图 1—2—2

 袜子　　见图 1—2—3

　　选择袜子时要注意透气性和尺寸，棉质运动短袜适合短距离健身走，用"圈针"织的袜子更能透气、减震，是健身走与健身跑的最好选择。

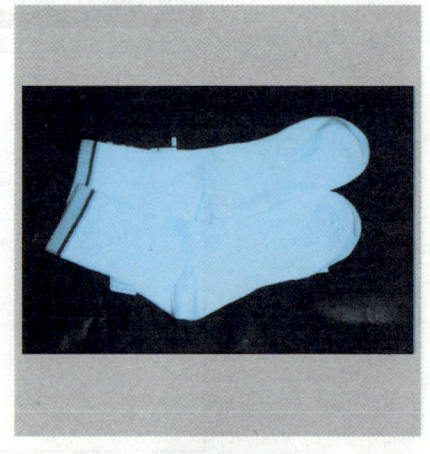

图 1—2—3

第三节
健身走、健身跑的作用与准备

健身走、健身跑是典型的有氧代谢运动方式，它们对运动技术的要求不是很高，却能有效地改善心肺与心血管机能。在进行健身走、健身跑之前，了解其锻炼的作用、锻炼前的准备知识与锻炼方法，对于健身者具有十分重要的意义。

健身走的作用

直立行走是人类由猿进化到人的过程中最本质的特征，走步也成为人类最基本和最经常的活动形式。健身走是一项不受时间和地点限制，任何人都可以参与的锻炼。它的特点是动作柔和，不容易出现伤害事故，特别适合于体重过重的人群。实践证明，全力以赴的快步行走或竞走运动，甚至能比速度较慢的跑步消耗更多的能量，获得更加显著的锻炼效果。

我国传统医学——中医认为，人体的五脏六腑与脚有着密切的关系。脚还被称为人的第二心脏，这是因为脚同人体的心脏一样，对血液循环起着至关重要的动力作用。人的一生中大约要走 5 亿步，坚持走步锻炼，就是运用脚掌与地面不断的机械接触和产生的按摩作用，来刺激脚底反射区（类似中医的穴位），从而调节人体相应的内脏器官和系统功能，促进血液循环，达到防病治病、延年益寿的目的。所以，走步对人的健康长寿具有积极的影响和作用。

健身跑的作用

人体自然的跑动是一切身体运动的基础。长期以来，人们对跑步的意义和作用进行了多种论述，都认为它是人体进行全面发展、全面锻炼的最有效的方法之一，可以增强人们的力量、速度、耐力、灵敏性和协调性等身体素质，并且认为通过跑的锻炼能够培养良好的意志品质。健身跑的技术要求不高，不需要专门的用具和场地，只要有平整的道路和清洁的空气就能够进行锻炼。

目前，健身跑已经风靡全球，不少国家流行着"您要长寿就得跑步！您要健康就得步行！"的说法。但在实践中，我们常常看到有些健身者急于求成，一开始参与锻炼就想把多年不参加运动所造成的损失补回来，其结果往往是在几天之内就搞得筋疲力尽。其实，锻炼成功的关键是水滴石穿的坚持，而不是盲目地追求短期效应。德国医疗体育专家阿肯教授，早在 1947 年就提出健身跑要"长、慢、远"的观点，意思是健身跑的距离要长，速度要慢，地点要远离市区，这样才能使身体获得更多的氧，有助于健康防病。

运动前须知

为了使健身更有效果，在进行健身走、健身跑前不仅要做健康检查，还需要做一些准备，以确保运动安全。

 健身走、健身跑前健康检查

很多人认为没有病就没有必要到医院进行健康检查。其实不然，对于心血管疾病的高危人群来讲，如果早上起床之后，立刻进行大强度的体育锻炼，很容易造成脑血栓、心肌梗塞等疾病，甚至引起死亡。因此，例行的保健检查，对健康具有重要的作用，特别是对决定要参加健身跑的健身者来讲，更是至关重要的。通过血液的化验检查，可以对心脏等内脏器官的状态、营养状况、免疫机能等有一个系统的了解。在健身跑前了解和掌握身体的状况，可以减少锻炼时的危险度，正确制订有针对性的锻炼计划。这样，才能达到事半功倍的效果。

 不能疏忽准备活动

准备活动说起来简单，但是做起来并不容易。许多健身走、健身跑锻炼者经常会疏忽做准备活动。准备活动不仅对于健身走、健身跑锻炼很重要,而且对于所有的体育锻炼也是很重要的。如果不做准备活动就开始走或跑的话,会急剧加重呼吸系统和心脏的负担。尤其对于刚刚开始锻炼的健身者来讲,容易产生胸闷、呼吸困难、肚子疼痛等现象。同时,还有可能造成膝关节和踝关节的损伤。所以,健身走或跑前的准备活动是必不可少的。

只有掌握正确的锻炼方法,才能达到良好的锻炼效果。正确的锻炼方法分为 3 个阶段。

第一个阶段

每周锻炼 3 次,每次步行距离为 3.2 千米左右,锻炼时间为 35 分钟左右。

第二个阶段

每周锻炼 4 次,每次步行距离为 3.2 千米左右,锻炼时间为 28~30 分钟。

第三个阶段

每周锻炼 4~5 次,每次步行距离为 4~4.8 千米,锻炼时间为 35~40 分钟。

第一个阶段

第一个阶段要完成中速走 2~2.5 千米的锻炼目标,方法是:

(1)首先慢走 1~1.5 千米,连续几天后,如果身体感觉良好,可增加距离,直到完成慢走 2~3 千米的目标;

(2)然后中速走 2 千米,连续几天后,如果身体感觉良好,可增加 0.4~0.5 千米。

❋ 第二个阶段

第二个阶段要完成中速走 1.2～1.6 千米的锻炼目标,方法是:

(1)采用匀速跑的方法进行锻炼;

(2)开始时可慢跑 0.8～1 千米,身体感觉良好时再增加 0.4～0.5 千米。

❋ 第三个阶段

第二个阶段目标达到后,就会感觉体力增强,精力充沛,坚持几周后再开始第三个阶段的锻炼,完成跑 2～3 千米的锻炼目标。

第四节

健身走、健身跑锻炼原则

健身走、健身跑锻炼原则是健身走与健身跑锻炼客观规律的反映,也是健身者安排锻炼计划、选择锻炼内容、运用锻炼方法必须遵循的基本准则。以下三项原则,是人们在体育锻炼实践中总结出来的经验,可为健身者达到理想效果提供科学指导。

健身走、健身跑锻炼和其他体育项目,诸如足球、篮球、排球相比,显得枯燥一些。但是,健身者可以通过各种方法,使它变得有趣。根据调查:有 64％ 的健身走、健身跑爱好者喜欢在马路上锻炼。但对于经验丰富的健身者来说,则会根据自己的锻炼计划,选择不同的路线。比如,如果今天选择在马路上锻炼,那么明天就选择在草坪上等对膝关节冲击较小的场地上进行锻炼。如果想掌握或了解自己的健身走、健身跑节奏,则可以选择在 400 米或 200 米的运动场上。总之,不同场地都有其长处和短处,在健身走和健身跑之前,一定要把锻炼的计划和场地的选择相结合起来,才能制订出最佳方案。

时间最佳

一般来讲，饭后 2～3 小时是健身走和健身跑的最佳时间。如果饭后马上就开始健身走、健身跑，非但不能帮助肠胃消化食物，反而会对肠胃的功能造成不良影响。而饭后间隔时间太长，肚子很空，在饥饿的状态下进行锻炼也不利于身体健康。因此，上午的 10 点钟和下午的 3 点钟是比较理想的锻炼时间。

有很多健身者喜欢晨练，这固然是个好习惯，但晨练也有很多注意事项。对于中老年人来讲，早上起床之后，马上进行大强度的体育锻炼，易造成脑出血、心肌梗塞等突发性疾病。所以早晨应该做一些慢跑与走路练习，尽量避免大运动量的体育锻炼。同时，早起之后，人处于脱水的临界状态，因此在晨练以前，应该补充一些水分。此外，还有许多人喜欢在睡觉以前进行健身走、健身跑锻炼，认为锻炼完之后可以有助睡眠。其实不然，如果在睡觉以前进行锻炼，很容易使神经系统兴奋，反而难以入睡。所以，最好不要在临睡前进行健身走、健身跑锻炼。

结伴而行

当练习者进行健身走和健身跑一段时间后，应该有意识地同与自己走跑速差不多的人结伴而行。这样，练习者彼此间都有了一定的健身走和健身跑体会，锻炼时可以相互调整步幅和节奏，以找到共同点。同时，结伴而行，还可以把枯燥的健身走、健身跑锻炼变成一个愉快的社交活动，在谈天说地、交流信息、相约明天的友好气氛中，不知不觉地完成锻炼。

第二章 运动保健

　　体育运动对增强体质、预防疾病和促进健康具有良好的作用。但是，并非所有人从事相同的运动都会达到同样的效果。对于同一种运动负荷，不同人机体的反应差异是很大的，即使同一个体，在不同时期、不同机能状态下，对同一负荷的反应及效果也是不一样的。因此，对于不同个体，应制定适合其机能需要的运动强度、时间、频率和持续周期。从事体育锻炼一定要讲究科学性，使机体最大限度地获得运动价值，使某些疾病得到有效的防治。

第一节

自我身体评价

　　自我身体评价是指根据个体的不同情况以及简单的功能评定标准，对锻炼者进行身体评价，并以此为依据，确定具体的锻炼内容。

适宜人群

　　体适能是全身适应性的一部分，是人体精神和体力对现代生活的适应能力。为了促进健康，预防疾病，提高生活质量和工作学习效率，几乎所有人都可以追求健康体适能，而且经过简单的评价和测试，均可以成为目标人群，即适宜人群。

 健康体适能评价标准

　　健康体适能是指身体有足够的活力和精力处理日常事务，而不会感到过度疲劳，并且还有足够的精力去享受休闲活动和应对突发事件。

　　健康体适能是确定锻炼者是否为运动适宜人群的主要依据。目前的评价标准主要包括国民体质测定标准、学生体质测定标准和普通人群体育锻炼标准等。

　　国民体质测定标准主要包括形态指标、机能指标和素质指标 3 个部分，各项指标的测定结果均为 1～5 分，共 5 个级别。凡各项指标达不到 4 分或 5 分者，均应被纳入健身人群。

　　学生体质测定标准分为优秀、良好、及格和不及格 4 个级别。优秀水平以下者，均应被纳入健身人群。

　　普通人群体育锻炼标准分为 5 个级别，凡达不到 4 分或 5 分者，均应被纳入健身人群。

简易运动功能评定

简易运动功能评定的目的在于确定锻炼者有无运动禁忌症或临时运动禁忌的情况，即是否适合参加体育锻炼，以达到防备万一、避免意外事故发生的目的。目前通行的方式为 3 分钟踏台阶测试。

目的

测试锻炼者运动后心率恢复的情况，以评估其心肺功能。

器材 见图 2-1-1

30 厘米高的长凳、节拍器、秒表和时钟。

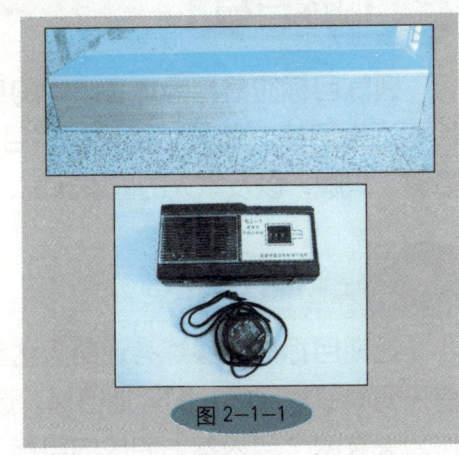

图 2-1-1

步骤 见表 2-1-1

（1）节拍器设定为每分钟 96 次，锻炼者依"上上下下"的节拍运动 3 分钟。

（2）锻炼者完成 3 分钟踏台阶后，5 秒钟内开始测量其脉搏，时间为 1 分钟，记录其心率，并依据下表评价其功能水平。

（3）运动后心率越低，证明其心肺功能越好。在运动强度允许的范围内，锻炼者可选择运动强度的较高值来进行运动。

 表 2-1-1　3 分钟踏台阶测试评价表

	年龄（岁）	欠佳（次）	尚可（次）	一般（次）	良好（次）	优异（次）
男士	18~25	>115	105~114	98~104	89~97	<88
	26~35	>117	107~116	98~106	89~97	<88
	36~45	>119	112~118	103~111	95~102	<94
	46~55	>122	116~121	104~115	97~103	<96
	56~65	>119	112~118	102~111	98~101	<97
	65+	>120	114~119	103~113	96~102	<95
女士	18~25	>125	117~124	107~116	98~106	<97
	26~35	>128	119~127	111~118	98~110	<97
	36~45	>128	118~127	110~117	102~109	<101
	46~55	>127	121~126	114~120	103~113	<102
	56~65	>128	118~127	112~117	104~111	<103
	65+	>128	122~127	115~121	101~114	<100

如锻炼者经过努力仍无法达标，或出现头晕、胸闷、出冷汗等症状，应立即终止测试。运动中应特别考虑运动强度，以防止出现意外。

运动保健

锻炼目标应根据锻炼者不同的身体状况来确定，可分为近期目标和远期目标。此外，确定锻炼目标还应结合锻炼者的运动意向、愿望、兴趣，以及本人的健康状况、疾病程度等因素来进行。

近期目标

近期目标是指锻炼者近期应达到的目标。在进行运动之前，应首先明确锻炼目标，即近期目标。选择一两个健康体适能构成要素，作为未来两个月内努力完成的目标，而且应从成功概率较高的构成要素开始，并将预期两个月后要达到的目标做上记号，如提高某个或某些关节的活动幅度，增强某个肌肉群的力量等。

远期目标

远期目标是指锻炼者最终要达到的目标。实践证明，经过科学合理的锻炼后，锻炼者是可以达到一般的远期目标的，如提高心肺功能，使其达到优秀的等级，或达到降血脂、防治高血压和冠心病的目的等。

运动负荷即运动量。怎样控制运动量，合适的运动时间是多少等，一直是人们争论不休的问题。但有一点是可以肯定的，那就是任何有关身体活动的意见和建议，都需要综合考虑锻炼者的身体状况和所要达到的目标，并以此为依据来制订科学的身体锻炼计划。

运动强度

在运动过程中，运动强度过小，则无法达到锻炼的效果；运动强度过大，不仅达不到最佳的锻炼效果，还可能产生一些副作用，甚至出现意外事故。确定运动强度有两种方法，即心率简易推测法和主观感觉疲劳分级表推测法。

心率简易推测法

（1）年龄在 20 岁左右的年轻人，身体健康，能坚持体育锻炼，欲进一步提高身体机能，可取最大心率值（最大心率值＝220－年龄）的 65％～85％。

（2）年龄在 45 岁以下，身体基本健康，有运动习惯者，开始进行健身锻炼，可取最大心率值的 65％～80％，没有运动习惯者，开始进行健身锻炼，可取最大心率值的 60％～75％。

（3）年龄在 45 岁以上，身体基本健康，有运动习惯者，开始进行健身锻炼，可取最大心率值的 60％～75％，没有运动习惯者，建议根据自身情况咨询专业人员来指导和确定运动强度。

主观感觉疲劳分级表推测法　见表 2-1-2

运动的疲劳程度大致分为 10 级，具体为：0～1 级，没感觉；2～3 级，尚轻松；4～5 级，稍累；6～7 级，累；8～9 级，很累；10 级，精疲力竭。因此，健身锻炼的运动强度应控制在主观感觉疲劳程度的 4～7 级。

表 2-1-2　主观感觉疲劳分级表

0 没感觉	·	2 尚轻松	·	4 稍累	·	6 累	·	8 很累	·	10 精疲力竭

 **运动频率**

运动频率是指每日及每周锻炼的次数。一般每周锻炼 3～4 次，即隔日锻炼 1 次即可。有充足的休息时间，可使机体得到充分的休息，收到更好的锻炼效果。

 运动持续时间

运动强度和运动持续时间，决定了一次锻炼的运动量和热量消耗。运动持续时间与运动强度成反比，运动强度大，运动持续时间可相应缩短，运动强度小，则运动持续时间应相应延长。

一般的健身锻炼，运动持续时间以每天 20～60 分钟为宜，其中包括准备活动时间、健身锻炼时间和整理活动时间。每次健身锻炼应在 20 分钟以上，锻炼可一次性完成，也可分段进行，但每段的活动时间应在 10 分钟以上。

第二节

运动价值

运动价值是人们一直在探讨的问题。一般认为，运动具有两方面的价值，即健身价值和心理价值。身体和精神的健康是相互依存的，伴随着身体功能的改善，精神状况也能同时得到改善。

 **健身价值**

健身价值在于提高体适能。体适能包括心肺耐力素质、肌肉力量素质、柔韧性素质和身体成分等。体适能的发展是积极从事锻炼的结果，只有规律性的体育锻炼才能达到最佳的体适能。

提高心肺耐力素质

心肺耐力是指全身肌肉进行长时间运动的持久能力，是体内心肺系统对身体各细胞的供氧能力。人体的心脏、肺、血管、血液等组织的功能是心肺耐力的基础，它们与氧气和营养物质的输送以及代谢物的清除有关。健全的心肺功能是健康的基本保证。

系统的体育锻炼，可以使心肌增厚，收缩力加强，心室容积增大，从而使心脏的泵血功能增强，表现为心血输出量增加。

系统的体育锻炼，呼吸系统机能也将得到提高，表现为呼吸肌的力量增强，肺活量、肺通气量明显增加，保证对机体供氧的能力。

系统的体育锻炼，可以促进血管系统的形态、机能和调节能力产生良好的适应力，从而提高机体的工作能力。

系统的体育锻炼，可以使血液系统产生某些适应性变化，如血容量增加、血黏度下降、红细胞膜弹性增强和红细胞变形能力增强等。

 提高肌肉力量素质

肌肉力量是指肌肉最大收缩产生的对抗阻力或负荷的能力。肌肉力量只有达到一定的程度，才能克服外界阻力，而克服外界阻力是维持日常生活自理、从事各种劳动和运动的必要前提。

系统的体育锻炼，可以提高肌肉的生理横断面积，可以改善神经系统对肌肉收缩的支配功能，还可以提高肌肉内代谢物质的储备量，使肌肉力量得到提高。

 提高柔韧性素质

柔韧性是指人体各关节的活动幅度，即关节的肌肉、肌腱和韧带等软组织的伸展能力。柔韧性对于保证正常生活质量、维持正常体态、预防损伤发生和减轻损伤程度等方面均起到至关重要的作用。

运动价值

系统的体育锻炼，还可以延缓因年龄因素而导致的柔韧性下降，预防因缺乏运动而导致的关节结构、周围软组织和膝关节肌肉退化，从而使锻炼者的日常生活、劳动和运动等更加充满活力。

改善身体成分

身体成分是指人体体重中的脂肪组织和去脂组织的重量百分比。身体成分中的脂肪成分增加，肌肉成分必然下降。身体中不具备收缩功能的脂肪组织增加，必然导致身体进行各种活动的能力下降，基础代谢水平降低，肥胖症、冠心病、高血压、糖尿病、高血脂等慢性疾病发病率的提高。因此，身体成分是保证人体健康的重要内容之一。

通过系统的体育锻炼，随着锻炼者体质的增强，热量消耗便随之增加，进而燃烧掉体内多余的脂肪，使身体成分得到改善。而身体成分的改善，又可以减少体重对关节可能带来的不利影响，还可以使肥胖者的心理状况得到改善，增强其自信心，使其逐步建立起健康的生活方式。

心理价值

研究证明，有规律的体育锻炼不但可以使锻炼者增强体质、促进身体健康、预防一些慢性疾病，还可以提高锻炼者的生活满意度和生活质量，对其心理健康产生积极影响。

体育锻炼的心理健康效应主要表现在六个方面：

改善情绪状态

 短期效应

研究发现，体育锻炼对人的情绪状态具有显著的短期效应。运动后人们的焦虑、抑郁、紧张和心理紊乱等症状会明显减轻，而精力和愉快程度则明显增强。而且这种情绪的迅速变化，与锻炼者个体的健康状况、活动形式和活动强度等有着直接的联系。

 长期效应

体育锻炼对人情绪的长期效应有着直接的影响，与不锻炼者相比，有规律的锻炼者在较长时期内很少会产生焦虑、抑郁、紧张和心理紊乱等情绪。

完善个性行为特征　见表 2-2-1

人们的行为特征一般可以分为两种类型，用 A 型行为特征和 B 型行为特征来表示。A 型行为特征主要表现为性情急躁、争强好胜、容易激动、整天忙碌和做事效率高等。B 型行为特征主要表现为不好竞争、不易紧张、不赶时间、对人随和、喜欢自由自在等。具有 A 型行为特征的人由于过度紧张的情绪反应，会引起内分泌失调，增加心脏病发病的概率。目前的一些研究主要集中在体育锻炼对改变 A 型行为特征的作用方面。研究结果表明，有规律的体育锻炼能明显改变 A 型行为特征。

表 2-2-1　A、B 型个性行为特征常见表现

A 型行为特征者常见表现	B 型行为特征者常见表现
约会从来不迟到	对约会很随便
竞争意识很强	竞争意识不强
别人要讲话时总爱抢先或插话	是别人讲话时很好的听众
总是匆匆忙忙	即使有压力也从不匆忙
等待时缺乏耐心	能够耐心等待
干事时全力以赴	处事漫不经心
同时想干很多事	在一段时间里只干一件事情
讲话喜欢用加强语气，甚至敲桌子	讲话语速缓慢、不慌不忙
做了好事希望能得到别人的认可	只要自己满意即可，不管别人怎样想
吃饭、走路都很快	做事情很慢
不善与人相处	为人随和
容易暴露自己的感情	能控制自己的感情
具有广泛的兴趣	没什么业余爱好
雄心壮志	满足于目前的工作和学习状况

运动价值

确立良好自我概念

自我概念是指个体对自己身体、思想和情感的主观整体评价，它由许多自我认识组成，包括我是什么人、我主张什么和我喜欢什么等。

坚持体育锻炼，可以使锻炼者体格强健、精力充沛、提高驾驭身体的能力，从而改善对自身的满意程度，确立良好的自我概念。

改变睡眠模式

根据脑电图的显示，人的睡眠可以分为两种状态，即慢波睡眠状态和快波睡眠状态。前者为浅度睡眠状态，后者为深度睡眠状态。一夜之间两种睡眠状态会交替发生 4~5 次。

有规律的体育锻炼不仅对慢波睡眠有促进作用，而且能缩短入眠的潜伏期，并延长睡眠的时间。

改善认知能力

体育锻炼还能改善人的认知过程，避免反应时间过长、注意力不集中和思维混乱等症状的发生，尤其对老年人的认知能力改善效果更为明显。

增加心理治疗效应

体育锻炼被公认为是一种心理治疗的好方法。目前人群中常见的心理疾患是抑郁症和焦虑症。研究发现，体育锻炼是治疗抑郁症的有效手段之一，抑郁症患者经过有规律的体育锻炼，抑郁症状能明显减轻。

体育锻炼还具有治疗焦虑症的作用，通过有规律的体育锻炼，可以使锻炼者的焦虑症状明显改善。

第三节

运动保护

在运动过程中，人体机能会随时发生变化。因此，应针对这种机能变化的特点来进行体育锻炼，也就是我们所说的运动保护。运动保护一般包括运动前准备、运动后放松和自我养护三个方面。

 ## 运动前准备 ◆◆◆◆◆◆◆◆◆◆

准备活动是指在正式运动之前进行的有目的的身体练习。做好充分的准备活动，可以缩短机体进入最佳状态的时间，同时还可以预防运动损伤的发生，为机体发挥最大的工作效率做好功能上的准备。

 ### 准备活动的作用

提高中枢神经系统兴奋状态

(1)使大脑反应速度加快，参加活动的运动中枢神经相互协调。

(2)为正式运动时生理机能达到适宜程度提前做好准备。

提高机体代谢水平

(1)准备活动可以使锻炼者体温升高，降低肌肉黏滞性，使肌肉的伸展性、柔韧性和弹性增强，从而有效预防运动损伤的发生。

(2)准备活动可以增强体内代谢酶的活性，使物质代谢水平提高，以保证运动时有较充分的能量供应。

克服内脏器官生理惰性

(1)准备活动可以提高心血管系统和呼吸系统的机能水平，使肺通气量及心血输出量增加。

(2)可以使心肌和骨骼肌的毛细血管扩张，使其工作肌获得更多的氧，从而克服内脏器官的生理惰性，使之尽快达到最佳状态。

增加皮肤毛细血管血流量

准备活动可以使皮肤毛细血管的血流量增加，运动后毛细血管扩张，有利于散热，降低体温，有效防止开始正式活动时由于体温过高而影响运动能力。

准备活动要求

 准备活动时间

（1）准备活动的时间可以根据运动项目的具体情况确定，一般以10～30分钟为宜。

（2）准备活动与正式运动的间隔时间，一般以不超过15分钟为宜，可以在做完准备活动后立刻进行正式运动。

准备活动强度

（1）准备活动的强度和量应较正式运动小，以免引起不必要的疲劳。

（2）准备活动的量可以由心率来决定，心率以100～120次／分为宜。

准备活动内容

一般性准备活动

一般性准备活动的内容多以伸展运动开始，然后进行一般性的跑步、徒手体操等活动。

下面介绍一套常用的一般性准备活动操，供锻炼者运动前使用。这套活动操主要包括头部运动、肩部运动、扩胸运动、体侧运动、体转运动、髋部运动和踢腿运动等。

图 2-3-1

头部运动

头部运动的动作方法（见图 2-3-1）：两手叉腰，两脚左右开立，做头部向前、向后、向左、向右，以及绕环运动。

肩部运动

肩部运动的动作方法（见图 2-3-2）：手扶肩部，屈臂向前、向后绕环，以及直臂绕环。

扩胸运动

扩胸运动的动作方法（见图 2-3-3）：屈臂向后振动及直臂向后振动。

体侧运动

体侧运动的动作方法（见图 2-3-4）：两脚左右开立，一手叉腰，另一臂上举，并随上体向对侧振动。

图 2-3-2

体转运动

体转运动的动作方法（见图 2-3-5）：两脚左右开立，两臂体前屈，身体向左、向右有节奏地扭转。

髋部运动

髋部运动的动作方法（见图 2-3-6）：两脚左右开立，两手叉腰，髋关节放松，向左、向右 360 度旋转。

图 2-3-3

踢腿运动

踢腿运动的动作方法（见图 2-3-7）：两臂上举后振，同时一腿向后半步，重心置于前腿，两臂下摆后振，同时向前上方踢腿。

图 2-3-4

图 2-3-5

图 2-3-6

图 2-3-7

专门性准备活动

专门性准备活动的动作方法、节奏和强度等与正式锻炼相似，目的是使人体主要肌群在运动前得到动员，为正式锻炼做好准备。

运动后放松

运动后放松是指运动之后所进行的一些能够加速机体功能恢复的、较轻松的身体活动。与运动前准备活动相反，其目的是使锻炼者的生理机能水平逐步得到恢复。

放松方法

运动性手段

（1）运动结束后，锻炼者可采用变换运动部位的方法来消除疲劳，如上肢出现疲劳时可做一些慢跑运动，下肢出现疲劳时可做一些上肢运动。

（2）转换运动类型也是一种不错的放松方法，如打羽毛球出现疲劳时，可从事瑜伽运动来达到放松的目的。

（3）还可以用调整运动强度的方法来缓解疲劳，如可以在放松过程中，采用小强度的轻微运动方法等。

整理活动　见图 2-3-8

（1）整理活动是指运动后所做的一些能够加速机体功能恢复的身体活动，如剧烈运动后进行 3～5 分钟慢跑或其他整理活动，使身体机能得以恢复。

（2）剧烈运动后如不做整理活动而骤然停止动作，会影响氧气的补充和静脉血的回流，使机体血压降低，引起不良反应。

图 2-3-8

 注意事项

（1）在进行整理活动时动作应缓慢、放松，运动量不要过大，否则会引起新的疲劳。

（2）在进行整理活动时，应当保持心情舒畅、精神愉快。

 **自我养护** ◆◆◆◆◆◆◆◆◆◆◆

锻炼后，锻炼者感觉身体疲劳是一种正常的生理现象，是体育锻炼过程中的正常反应，随着体育锻炼时间的延长，疲劳症状会自然消失。运动性疲劳出现后，锻炼者如果采用一些自我养护措施，可以加速身体机能的恢复，尽快消除疲劳，提高锻炼效果。常见的自我养护方法主要包括运动后休息、合理营养和物理手段等三种。

 运动后休息

 静止性休息　　见图 2-3-9

（1）静止性休息是指锻炼者运动后保持机体相对的静止状态，以促进身体机能的恢复，尽快消除疲劳。

（2）静止性休息的最佳方式之一是睡眠，特别是刚开始从事锻炼者，身体不适应或疲劳症状明显时，更应该保证足够的睡眠，否则，锻炼者虽然积极参加了体育锻炼，但收效甚微，甚至会导致过度疲劳症状的发生。

（3）静止性休息更适合于消除全身运动导致的整体疲劳症状。

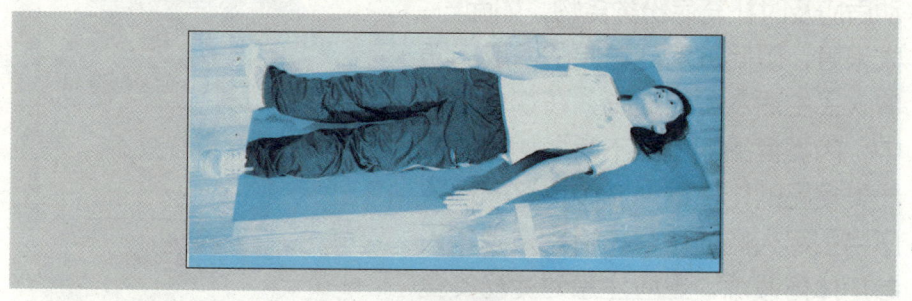

图2-3-9

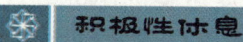积极性休息　见图2-3-10

（1）积极性休息更适合由于少量肌肉群参与工作而导致的局部疲劳，或运动强度较大而导致的快速疲劳。

（2）积极性休息可以加速血液循环，有利于代谢物排出体外，对促进身体机能的恢复具有明显的效果。

图2-3-10

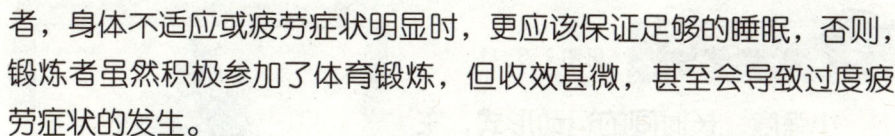

运动保护

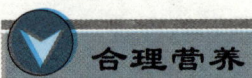 合理营养　见图 2-3-11

图 2-3-11

小强度、长时间的运动形式，主要是靠糖原的有氧代谢提供能量。运动后应及时补充淀粉类食物，如面粉、大米等，以促进消耗糖原的合成。随着人民生活水平的提高，在饮食结构中，肉类食品的比重不断增加，而淀粉类食品的比重逐渐减少，这一现象应当引起人们的注意，特别是老年人参加体育锻炼，更应注意对淀粉类食物的补充。

强度较大、时间又相对较长的运动形式，主要是靠糖原的无氧代谢提供能量。这样，糖原无氧代谢产物——乳酸便会在体内大量堆积。因此，运动后应多补充蔬菜、水果等碱性食品，以加速乳酸的清除，达到尽快消除疲劳的目的。

 物理手段

按摩及牵拉　见图 2-3-12

（1）通过刺激神经末梢、皮肤结缔组织和毛细血管的按摩方法，可以使紧张的肌肉得以放松，从而改善局部组织和全身的血液循环，达到促进身体机能恢复的目的，这种方法可以在锻炼后马上进行。

（2）此外，还可以采取缓慢牵拉肌肉的方法，使收缩的肌肉得到充分的伸展放松。

水疗及电疗

（1）水疗包括芬兰式蒸汽浴、热水浴和桑拿浴等多种形式，主要作用是通过提高体温，促进血液循环，清除代谢物，以达到尽快消除疲劳、恢复体力的目的。

（2）水疗的时间一般以不超过 30 分钟为宜，如果时间过长，会进一步消耗体力，严重时甚至会出现暂时性脑缺血现象。

（3）如果条件允许，还可对疲劳的肌肉进行低频治疗。低频治疗仪的原理是模拟针灸疗法，使用时将电极用不干胶对称地粘贴在运动部位表皮上。这种疗法可以促进局部血液循环，改善组织代谢，缓解肌肉酸痛，消除疲劳。

图 2—3—12

第三章 健身走基本技术

　　健身走运动虽然形式简单，但是要达到理想的健身目的，就需要了解其基本技术。基本技术包括健身走动作特点、健身走技术分析和健身走基本方式等。

第一节

健身走动作特点

　　每个人的走步姿势虽各有差别,但走步的动作特点基本一致,本节主要介绍健身走的动作周期与动作结构、下肢形态与结构特点、与步长的关系、走步时肌肉活动的能量消耗和步法类型等。

 动作周期与动作结构 ◆◆◆◆◆◆◆◆

健身走的动作具有周期性,动作结构具有一致性。

 动作周期

　　走步的一个周期由一个复步组成,一个复步由两个单步组成。复步的动作以右腿支撑、左腿起步为例进行说明(见图3-1-1):

　　(1)第一步:右腿支撑,左腿前摆,右脚离地前左脚着地,形成两脚支撑。

　　(2)第二步:左腿支撑,右腿前摆,左脚离地前右脚着地,再次形成两脚支撑。

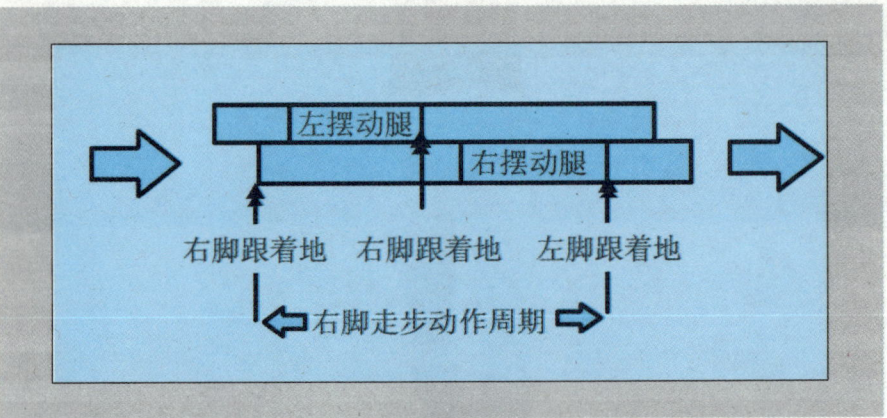

图3-1-1

 **动作结构**

走步时,身体重心不仅上下起伏,还左右摆动,幅度一般是 1～3 厘米。每个人走步的姿势虽有差别,但走步的动作结构是基本一致的,都包括支撑体重、前移上体、蹬地、维持平衡、上举身体、向前摆腿等几个阶段(见图 3-1-2)。

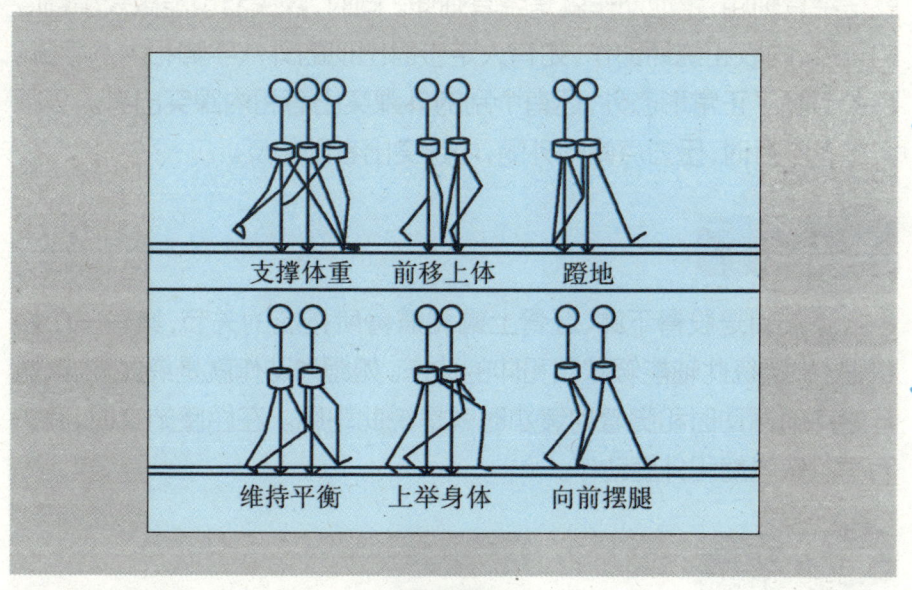

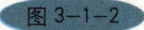
图 3-1-2

 **下肢形态与结构特点**

走步是全身运动,身体各部位在动作过程中的每一种姿势都是由其形态和结构决定的。对走姿影响最大的部位是下肢的形态结构。

 **脚**

走步时下肢以脚跟着地、缓冲、支撑体重和后摆。一般脚大者走姿较稳定,脚小者走姿的稳定性较差。脚的形态结构呈弓形,但有的人脚弓较高,有的人脚弓较低,甚至呈扁平足。

踝关节

脚的运动是以踝关节为轴转动,踝关节是胫骨下端和脚上的距骨相连接的关节。胫骨下关节面、内踝关节面和外踝关节面形成一个叉状的关节窝,距骨上端的关节头就嵌入其中,这就是踝关节。该关节只有一个额状轴(横轴),脚绕额状轴可以做屈伸动作,如脚跟着地动作就是绕其轴屈,蹬地动作就是绕其轴伸。同时,踝关节也能做较小幅度的外展、内收和绕环动作,如有人走步时出现的外八字脚和内八字脚。踝关节除了正常形态外,还有个别的外踝突出者和内踝突出者。外踝突出者步行时,压力点偏向外侧,内踝突出者则相反。

膝关节

膝关节是股骨下端、胫骨上端和髌骨所构成的关节,具有一个额状轴。小腿绕此轴能够做屈和伸的动作。如蹬地动作就是绕此轴伸,腿开始向前摆动时和脚着地缓冲时就是绕此轴屈。在屈膝站立时,膝关节可以做内旋和外旋动作。

髋关节

髋关节是由股骨上端的股骨头和髋臼构成的关节。该关节有三个轴:额状轴、矢状轴和垂直轴,所以被称为多轴关节。大腿在髋关节处绕额状轴能屈、伸;绕矢状轴能外展、内收;绕垂直轴能内旋、外旋。走步时的蹬地动作,是腿绕额状轴伸;腿向前摆动至脚跟着地的动作,是腿绕额状轴屈。走步时如果腿只绕额状轴运动,走出的就是两条直行步。

骨盆

下肢依附的骨盆的形态和结构与走姿有一定的关系。骨盆较宽者,迈出的步长较长,步向较宽。但由于骨盆宽,臀部较大,走步时扭动较大,走姿会缺乏美感。

 **腿形**

　　由膝关节所连接的大腿和小腿，在人群中的整体造型都不一样。自然站立时，从正面观察可以分辨出有直行腿、剪子腿和罗圈腿等；从侧面观察则可以分辨出有直行腿、凹膝腿和屈膝腿等类型。

　　腿形不同，走姿自然不同。直行腿走路时脚掌水平着地，重力均匀作用于两腿，走姿平稳；剪子腿走路时，小腿外展，脚内侧先着地，重力偏向脚内侧，走姿左右扭动；罗圈腿走路时小腿内收，脚外侧先着地，重力偏向脚外侧，走姿左右晃动；凹膝腿走路时，脚踵先着地，重力偏向脚踵，走姿容易使上体前屈；屈膝腿走路时，脚掌先着地，重力偏向脚掌，走姿容易形成蹲姿走。

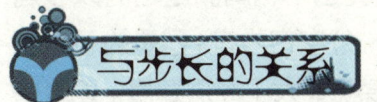

与步长的关系

　　人体走步的步长是个变量，它随步速、步频、步态和身长的变化而变化。增加走步的速度，取决于步长和步频的增加。有研究表明，一步的时间为0.7秒（85.7步／分）时步长最大，如果有意缩短一步的时间，则步长减小。在一步的时间为0.6秒（100步／分）时速度最快。步长不仅与身高、下肢的长短有关，还与摆臂带动躯干与骨盆的相向扭转角度有关。如身材较高的人一步迈出75厘米，而身材较矮的人迈出同样距离就必须加大摆臂，加大带动躯干与骨盆的相向扭转角度，才能达到相同的步长。

走步时肌肉活动的能量消耗和步法类型

　　人体一边从外界环境中吸收营养物质，经分解、合成变成自身需要的物质，同时储存能量；一边通过呼吸作用，不断地将自身的一些物质进行分解，释放能量，并将代谢废物排出体外。在健身走过程中，通过肌肉活动，能够很好地消耗能量，起到健身的作用。此外，健身走的步法按步长、步宽和步角的不同，可分为不同的类型。

能量消耗

走步是全身运动,身体各部分肌肉无不参与工作,并由此体现了它的锻炼价值。走步自然需要消耗一定的能量,一般来说,同等条件下,体重越大的人消耗的能量越多;路面坡度越大,消耗的能量越多;走步速度越快,消耗的能量也越多。例如,当走路的速度达到 8 千米／小时以上时,消耗的能量甚至会超过以同等速度跑步所需要的能量。有研究结果表明,55 千克体重的人以 6.4 千米／小时的速度走步时,其能量消耗相当于 65 千克体重的人以 5.5 千米／小时的速度走步;相当于 75 千克体重的人以 5 千米／小时的速度走步;相当于 95 千克体重的人以 4 千米／小时的速度走步。

不同年龄和健康状况的人,走步的速度也不相同。走路时以少消耗能量的速度为经济速度,一般以 60 米／分左右为宜。但是为了达到增进健康、增强体质的锻炼目的,走步速度就要大于经济速度。速度快了,能量消耗也就增加。将自然走步提速后变成健身走,可以更加有效地促进身体的新陈代谢,所以健身走成为各种年龄阶段的人,特别是中老年人锻炼身体的重要内容。

步法类型

按步长分类

正常步指 80～90 厘米步长的步法,中步指约 70 厘米左右步长的步法,短步是约 60 厘米以下步长的步法。

按步宽分类

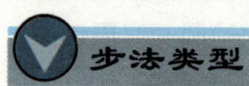 见图 3—1—3

分离步指左右脚跟内沿之间有一定距离(约 15 厘米)的步法。

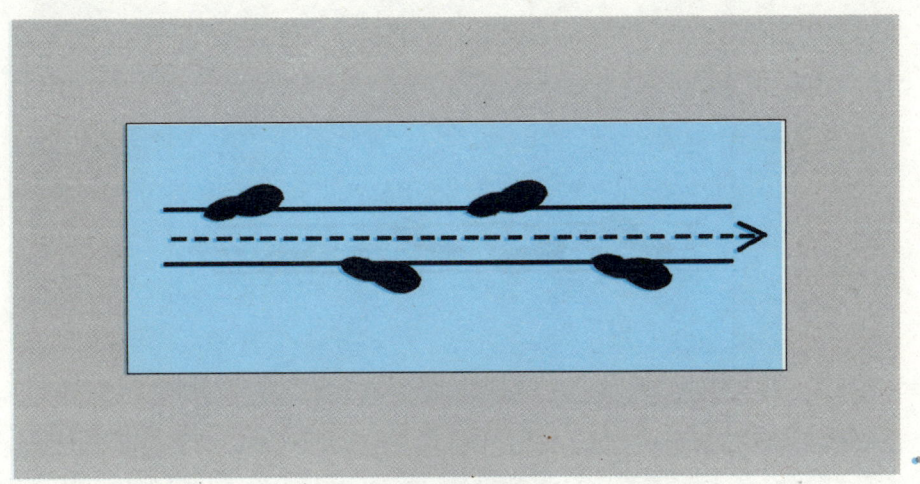

图 3-1-3

❄ **并跟步** 见图 3-1-4

    并跟步指左右脚内沿踩在一条线上,如左右脚跟或左右脚尖内沿踩在一条直线上的步法。

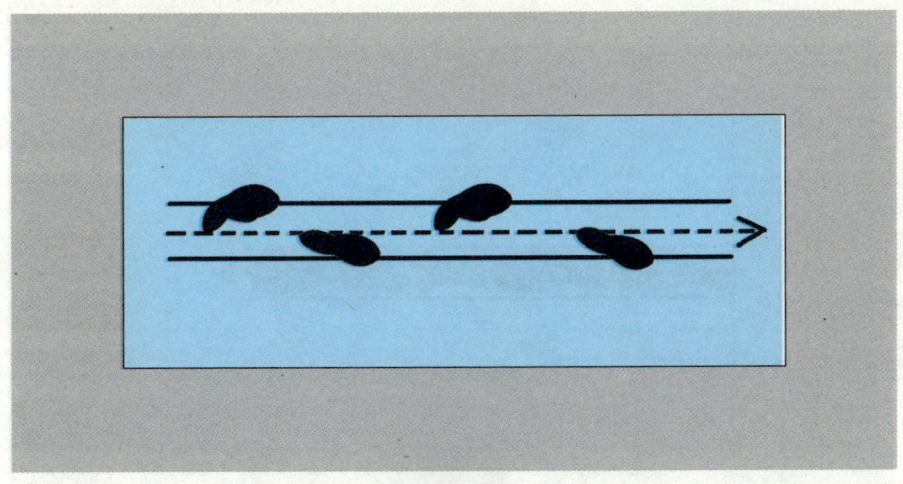

图 3-1-4

❄ **搭跟步** 见图 3-1-5

    搭跟步指左右脚跟内沿相重叠在一条直线上的步法。

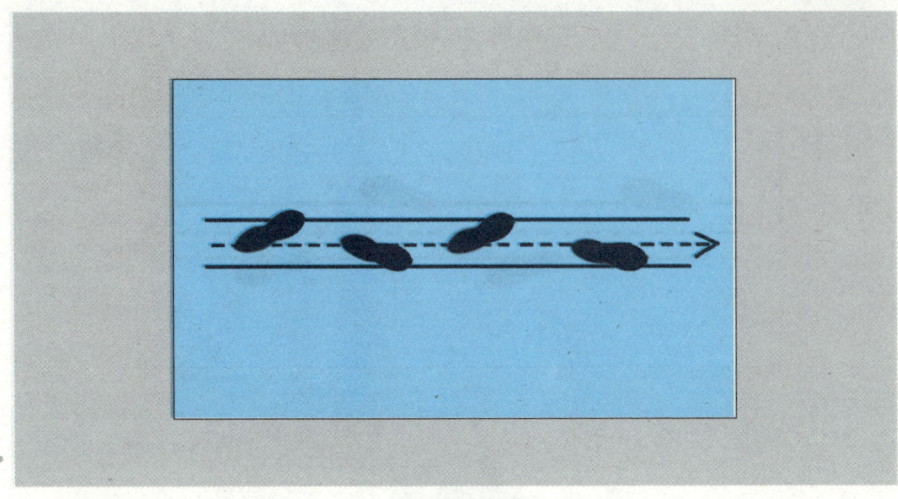

图 3-1-5

 直线步 　见图 3-1-6

　　直线步指直线步左右脚步跟中心点踩在一条直线上，或者左右脚掌中心点踩在一条直线上的步法。

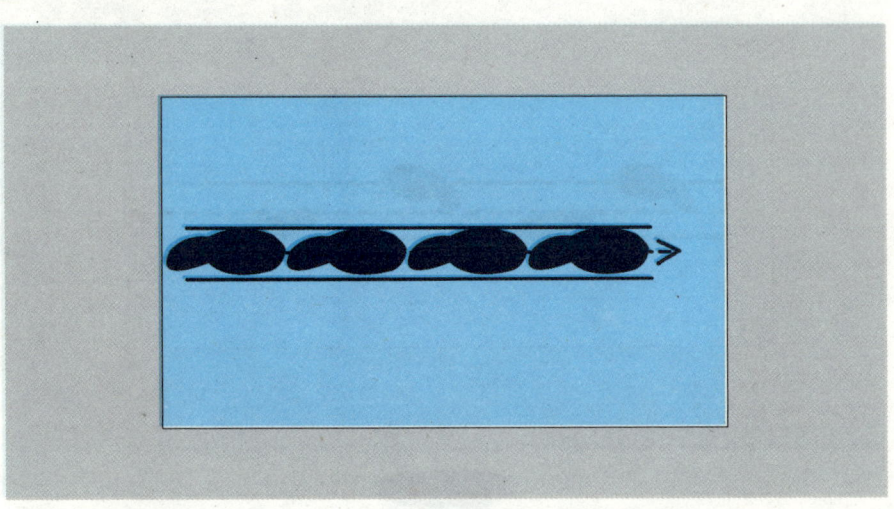

图 3-1-6

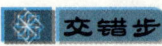 交错步 　见图 3-1-7

　　交错步指左右脚跟或左右脚掌中心点向对侧交叉的步法。

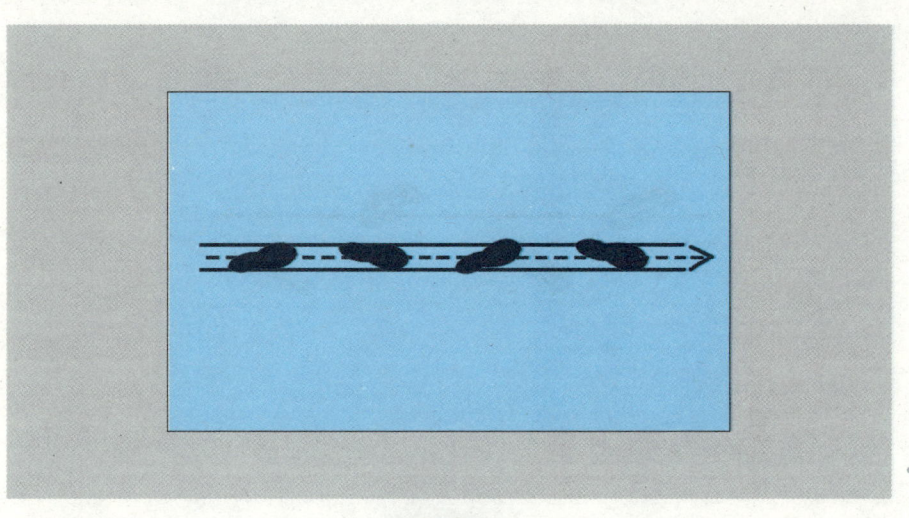

图 3—1—7

按步角分类

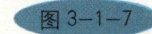 **外展步** 见图 3—1—8

外展步指左右脚长轴各自与前进直线呈向外开放的角度，即外"八"字的步法。

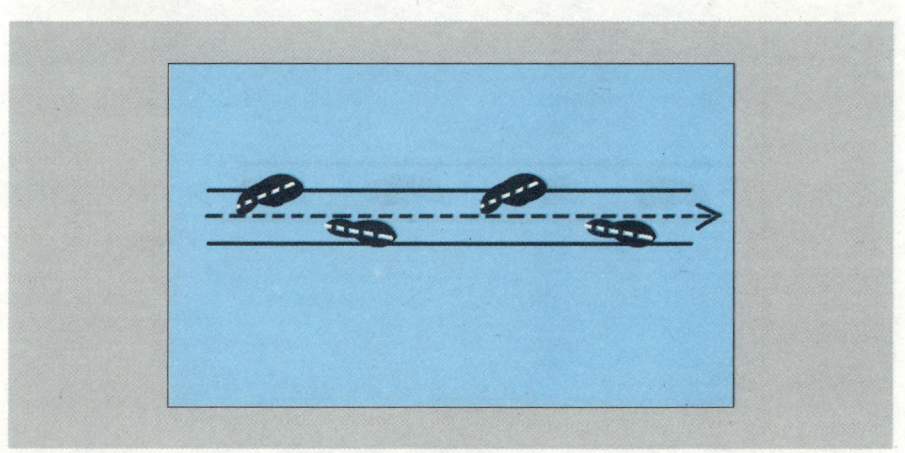

图 3—1—8

内收步 见图 3—1—9

内收步指左右脚长轴各自与前进的直线呈向后开放的角度，即内"八"字的步法。

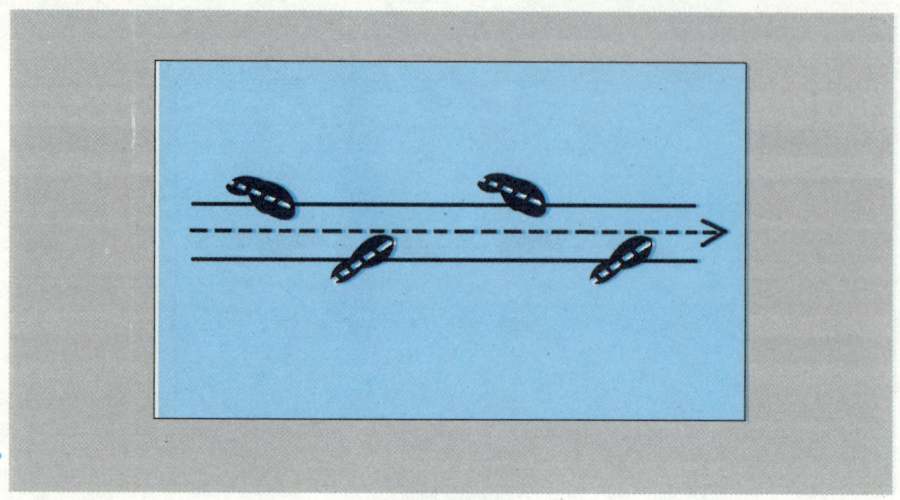

图 3-1-9

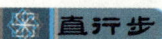 **直行步** 见图 3-1-10

直行步指左右脚长轴各自与前进直线相重叠的步法。一般 5 度以内的偏角,均属直行步。

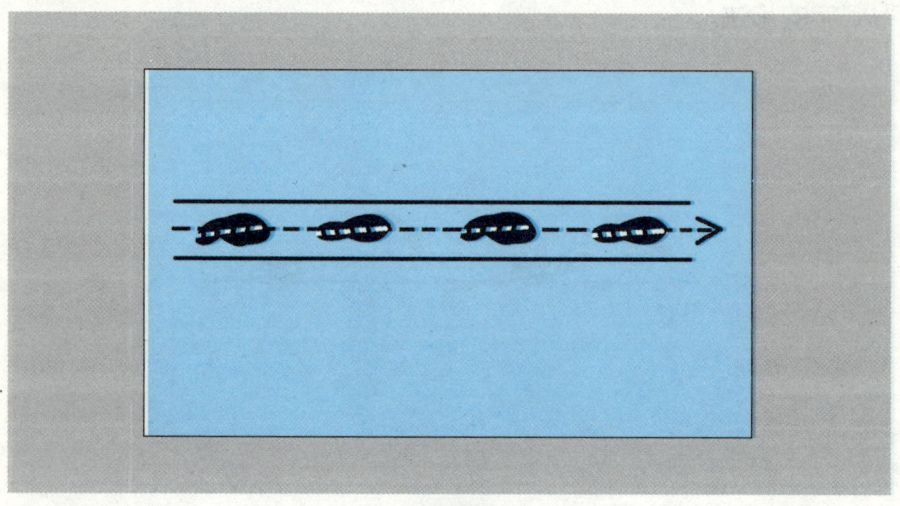

图 3-1-10

非对称步 见图 3-1-11

非对称步指步行时一脚外展,一脚内收,造成两脚步法不对称的步法。

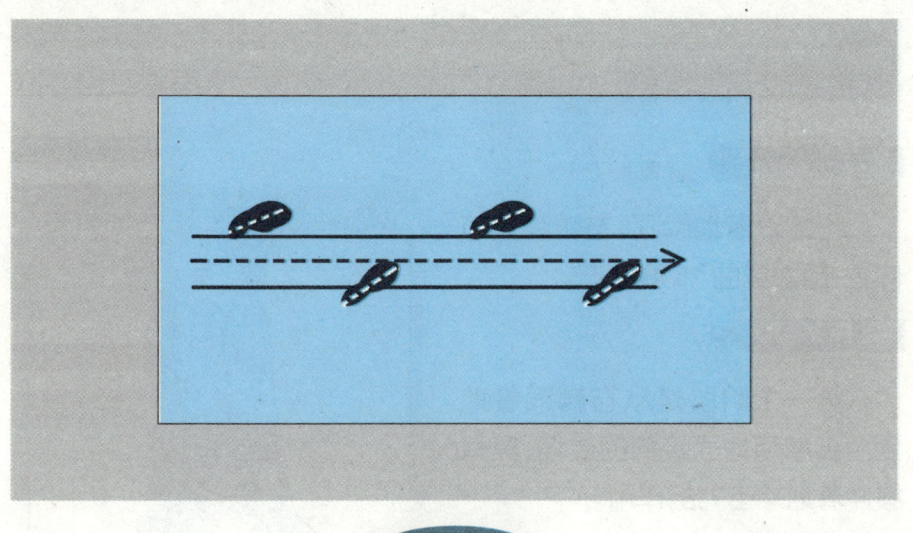

图 3—1—11

第二节

健身走技术分析

　　健身走与普通的走路有一定的区别,只有掌握正确的健身走技术,按照动作要求,达到一定的时间、速度和运动心率,才可能起到增加肌体应激性、改善心肺功能的锻炼效果。因此,在健身走锻炼中,掌握正确的技术动作十分必要。健身走的技术动作可从腿部动作、身体姿势和重心移动等方面来分析。

腿部动作

　　走是人体位移的方法,属于周期运动。走的动作周期是一个复步,即走两步,包括两个单腿支撑时期和两个双腿支撑时期,没有腾空,其中腿部动作分为 6 个阶段。

第一个阶段

✿ 动作方法 见图 3-2-1

右脚跟着地瞬间，右腿膝关节伸直，随即弯曲 15 度左右。

✿ 技术要点

第一个阶段是从右脚跟着地到全脚掌与地面接触的过程，具有缓冲着地冲击力的作用。

✿ 错误纠正

脚落地时易出现脚后跟猛然跺在地上等问题。因此，应脚底像车轮一样，依脚跟至脚尖的顺序落地。

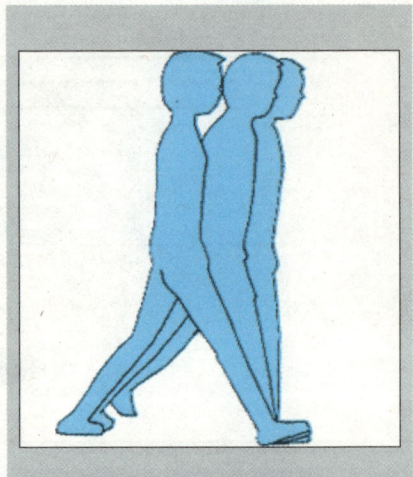

图 3-2-1

第二个阶段

✿ 动作方法 见图 3-2-2

（1）上体前移，负重从右脚跟移至右脚尖；

（2）上体前移结束时，右腿膝关节伸直，右脚踝屈至最大限度；

（3）左脚迈出时，右脚呈单脚支撑状态。

✿ 技术要点

第二个阶段是从右脚全脚掌着地到右脚屈踝的过程。

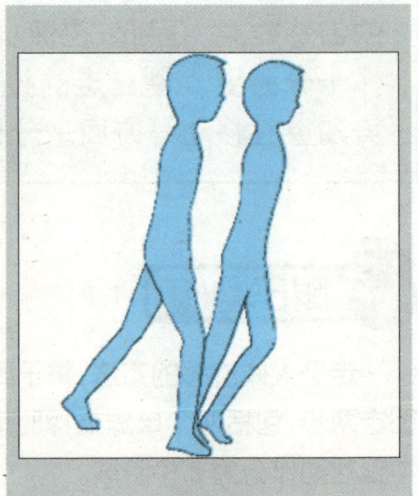

图 3-2-2

错误纠正

练习时易出现上体前移结束时右腿膝关节仍然弯曲等问题。因此,应注意右腿膝关节伸直。

第三个阶段

动作方法 见图3-2-3

左脚进一步向前迈,右脚跟提起,右腿膝关节弯曲,右脚尖蹬地。

技术要点

第三个阶段是从右脚上提脚跟到脚尖用力蹬地的过程。

错误纠正

练习时易出现右脚提起时全脚掌一起提起等问题。因此,应脚跟提起,用脚尖蹬地。

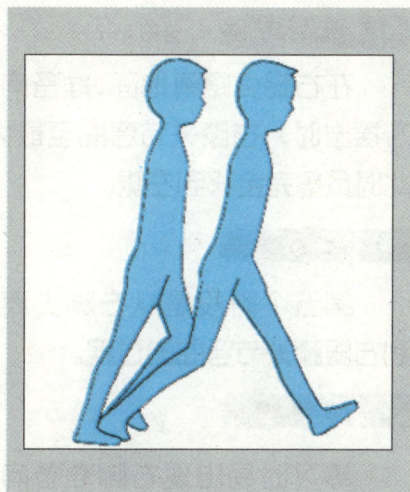

图3-2-3

第四个阶段

动作方法 见图3-2-4

(1)左脚脚跟着地,使负重向左脚移动,右脚以脚尖支撑,保持身体平衡;

(2)左脚稳定时,右脚尖蹬离地面。

技术要点

第四个阶段是从右脚尖蹬地到该脚尖离地的过程。

错误纠正

迈腿时易出现不是左脚跟着地等问题。因此,应腿适当向前伸,前

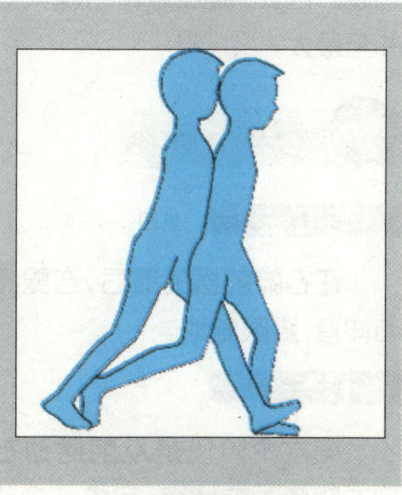

图3-2-4

健身走技术分析

脚跟着地,然后滚到前脚掌。

第五个阶段

 动作方法 见图3-2-5

在右脚尖蹬离地面,准备向前方摆出时,右膝关节弯曲至最大,此时负重完全移到左腿。

技术要点

第五个阶段是从右脚尖离地到右腿膝关节弯曲的过程。

错误纠正

练习时易出现右脚准备向前方摆出时,右膝关节弯曲度不够等问题。因此,应注意将右膝关节弯曲至最大。

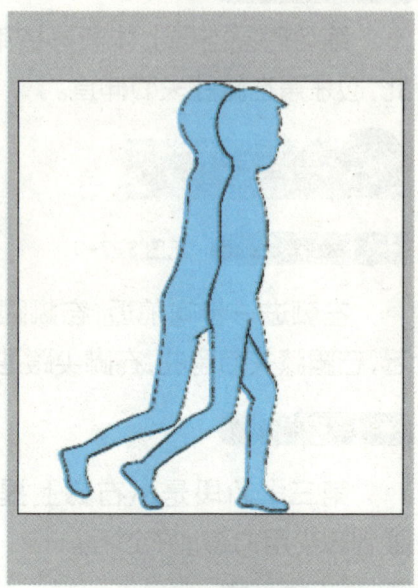

图3-2-5

第六个阶段

动作方法 见图3-2-6

在右脚前摆的最后,右腿膝关节伸直,脚跟着地。

技术要点

第六个阶段是从前摆动右脚到右腿膝关节伸直,完成一个动作周期。

 错误纠正

练习时易出现右腿膝关节未伸直等问题。因此,应在右脚前摆的最后,注意右腿膝关节伸直。

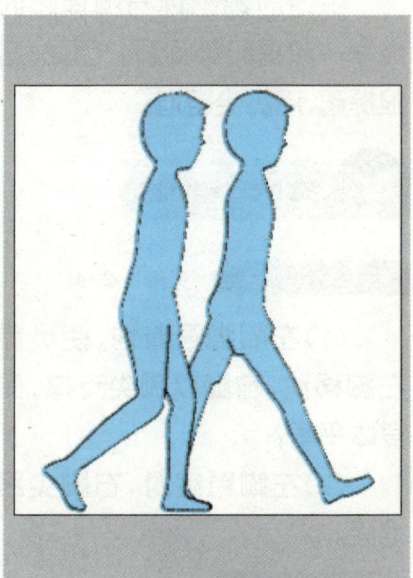

图3-2-6

 **身体姿势** ◆◆◆◆◆◆◆◆◆

在走步锻炼中形成正确的走姿，可以有效地增强体质和健美形体。因此，学会正确的直体直行走的步法是很重要的。

❋ **动作方法** 见图 3-2-7

（1）上体自然正直，挺胸抬头，目视前方；

（2）两脚走直行步，一腿后蹬时膝关节伸直，另一腿前摆时膝关节弯曲，在全脚掌着地瞬间再伸直；

（3）两臂自然前后摆动，以协同腿部动作；

（4）呼吸要有节奏。

❋ **技术要点**

（1）颈部、肩膀和背部放松，臂肘略弯曲，两臂自然摆动；

（2）腹肌略收缩，背部要直，不要前弓或后仰。

❋ **错误纠正**

走步时易出现上体前弓或后仰等问题。因此，应腹肌略收缩，背部要直。

图 3-2-7

 **重心移动** ◆◆◆◆◆◆◆◆◆

健身走时，单脚支撑与两脚支撑时身体重心的移动方式是不同的。

动作方法 见图3-2-8

（1）在单脚支撑时，身体重心偏移支撑腿一侧并上升；

（2）在两脚支撑时，身体重心在左右脚之间并降低；

（3）身体重心上下起伏的幅度为4～6厘米，左右摆动的幅度为1～3厘米。

技术要点

单脚支撑时，身体重心上升，两脚支撑时，身体重心降低。

错误纠正

练习时易出现身体重心移动错误等问题。因此，应多加练习，注意体会单脚支撑与两脚支撑的区别。

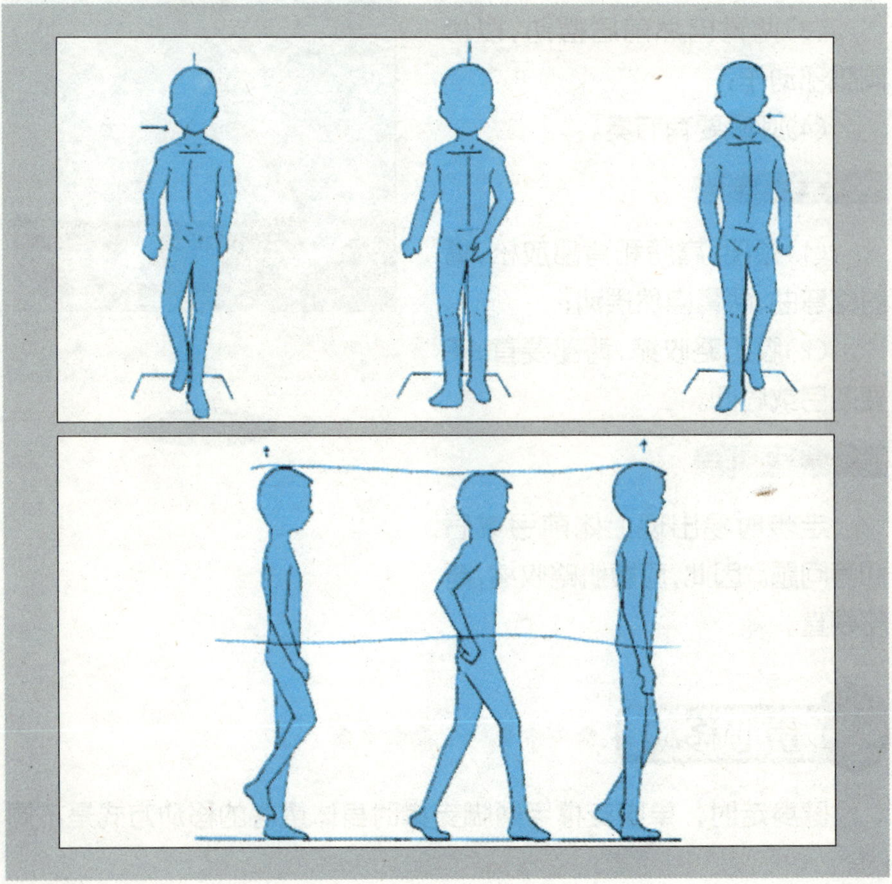

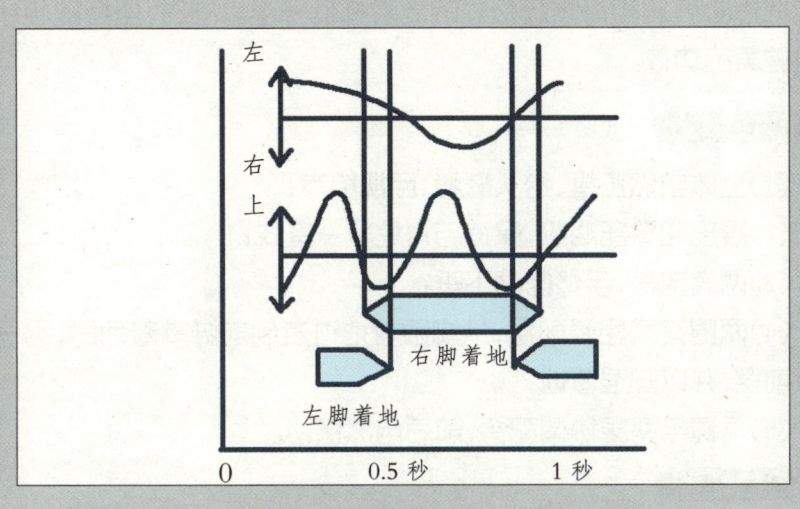

图 3-2-8

第三节

健身走基本方式

　　健身走运动虽然是一种非常安全的健身项目,但是如果不能很好地把握其锻炼方法和要领,同样也不能达到应有的健身效果,甚至可能产生一定的副作用。只有按照动作要求,达到一定的时间、速度和心率,才能起到增加肌体应激性、改善心肺功能的作用。健身走基本方式包括慢步走、大步走、快步走、赤脚走与踏石走、倒步走、爬楼梯、绕圈走、雨中步行、水中行走、扭着走、弹着走、高抬腿走、爬着走和"10 点 10 分"走等。

慢步走

　　慢步走即散步,是最流行的健身走方式,特点是轻快自然、随心所欲。只要在一个星期内轻轻松松地散步 3～5 次,每次走 30 分钟左右,

就能把患心脏病和骨质疏松症的危险降低一半。同时,坚持散步还有瘦身健美的功效。

🌸 动作方法　见图3-3-1

(1)上体自然正直,抬头挺胸,目视前方;

(2)腹部和臀部略收,保持与脊柱呈一直线;

(3)两肩放松,手臂自然下垂;

(4)两腿交替屈膝前摆,从脚跟着地过渡到前脚掌着地时,另一腿屈膝前摆,并以脚跟着地;

(5)两臂与两腿协调配合,前后自然摆动。

🌸 技术要点

(1)颈部、肩膀和背部要放松,臂肘略弯曲,两臂自由摆动;

(2)走路平稳,脚底要像车轮一样,依脚跟至脚尖的顺序落地;

(3)腹肌略收缩,背部要直,不要前弓或后仰;

(4)慢步走的步幅较小,每步为50~60厘米,步速较慢,每分钟走25~30米。

🌸 错误纠正

(1)慢步走时易出现姿势过于萎缩,或动作特别夸张等问题,因此,应注意姿势正确,要抬头向前看,不要盯着地面;

(2)慢步走时易出现肩背僵直等问题,因此,应脖子、肩膀和背后部保持放松;

(3)落脚时易出现脚后跟一下跺在地上等问题,因此,应脚底要像车轮一样,依脚跟至脚尖的顺序落地,走路要平稳;

(4)走步时易出现上体前弓或后仰等问题,因此,应腹肌略收缩,背部要直。

🌸 注意事项

(1)运动前做好准备活动,使身体各个部位都舒展开来,并使呼吸稳定顺畅;

(2)尽量保持心情舒畅,抛开繁杂琐事;

(3)步履应和缓从容,以使全身气血顺畅、平和,达到最佳锻炼效果；

　（4）不要给手腕、臂肘和肩膀施加额外的压力；

　（5）健身者应根据自己身体状况确定步行距离，身体强壮者步行
距离应长些，身体虚弱者步行距离应短些。

图 3-3-1

大步走

　大步走是改变平时走路的习惯，给身体一个新的向前迈出的刺
激，让身体在新的动态环境中得到锻炼的一种走步健身方式。它可以
使健身者全身的肌肉都参与进来，运动量大，血液循环也会加速。

动作方法 见图3-3-2

（1）挺胸收颏，手心向下，迈腿时适当向前伸，前脚脚跟着地，然后滚到前脚掌，加强后腿的蹬地力量；

（2）摆臂时，手臂与心脏平行，速度不要太快；

（3）每走一步，重心要下移，做到前腿弓、后腿蹬。

技术要点

（1）加大每走一步的步幅，腰背要挺起来，尽量挺胸，脚趾朝向行走的方向，每一步都要用脚趾发力；

（2）用力去走每一步，让全身的肌肉尽可能的参与进来，要有人弹起来的感觉，摆臂要加大，尽力前后直臂摆平；

（3）每天的步行时间固定，最好的步行锻炼时间段是在下午3点到晚上9点（特别是糖尿病患者要遵守这一点）；

（4）每天的步行距离应固定，一般路程约不少于3千米（或30分钟），也可根据年龄调节，但确定下来后不要随意改变；

（5）每天的步频固定，最好像列队行走一样，要"一二一"有节奏的走，每周不能低于5次，一个锻炼周期为3～6个月；

（6）大步走的步幅与步速不是

固定的数值，一般情况下，大步走的步幅，比自己平时习惯的步幅要大出 10 厘米左右，步速要放慢。

🏵 错误纠正

（1）大步走时易出现没有确定好步幅等问题，因此，应确定好大步走的步幅，比自己平时习惯的步幅大出 10 厘米左右即可；

（2）迈腿时易出现不是前脚脚跟着地等问题，因此，应迈腿时要适当向前伸，前脚脚跟着地，然后滚至前脚掌；

（3）大步走时易出现两臂不摆动或摆动幅度过小等问题，因此，应随着大步走两臂用力摆动；

（4）大步走时易出现走步的节奏掌握不好等问题，因此，应注意走步的节奏，每天的步频最好能固定。

🏵 注意事项

（1）做好准备活动，尤其是应注意活动腰部，松开胯和髋关节；

（2）做好腿部活动，拉开韧带，不要忽视脚踝的活动，防止在进行大步走时伤了关节和韧带；

（3）练习要注意循序渐进，不要急于求成；

（4）雨雪天气应提高警惕，防止因路面湿滑而摔倒受伤。

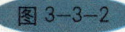

图 3—3—2

　　运动走路的步频和步速大于平时的走路,我们俗称为"快步走"。快步走比慢步走的体能消耗大,锻炼效果接近跑步,但比跑步更加安全,适合于体力充沛的人群。

✿ 动作方法　见图3-3-3

　　(1)身体适度前倾;抬头挺胸,收腹收臀;

　　(2)手臂动作跟腿部动作要协调一致;

　　(3)肘部呈直角,手臂前摆不要高过胸部;

　　(4)前跨腿的脚跟落地时,前脚掌随即落地,臀部随之略做摇摆,动作要柔和流畅。

✿ 技术要点

　　(1)行走时要抬头挺胸,手臂大幅度摆动,步伐大,速度快;

　　(2)将腰部重心置于所踏出的脚上,走时积极活动全身肌肉,有助于减轻腰痛、肩痛以及改善内脏功能;

　　(3)快步走的步幅中等、步频较高、步速较快,每小时走6千米左右为宜。

✿ 错误纠正

　　(1)大步走时易出现步幅小、手臂摆不起来等问题,因此,应注意摆臂幅度,步幅要放大;

　　(2)大步时易出现步速时快时慢,缺少节奏等问题。因此,应注意大步走的节奏。

✿ 注意事项

　　(1)脉搏应控制在每分钟140次以内;

　　(2)步幅要稳定,可通过改变步频来改变步速;

　　(3)快步走不宜过度,尤其是高龄老人和心血管疾病患者,不宜竭尽全力迈步,应量力而行;

　　(4)快步走要求10分钟大约要走1千米左右的路程,但并不是要求每名健身者一开始就达到这样的速度，而应循序渐进、由慢到快，逐步增加速度，对于老年人、体弱者来说，速度可以略为降低，每小时在4千米左右即可。

图 3-3-3

赤脚走与踏石走

按照中医经络学的解释，人的五脏六腑在脚掌都有相应的循环路线，经常赤脚步行，可舒肝健脾、增强食欲，从而使精力充沛，预防早衰。踏石走则是利用传统医学而发明的新的康复疗法。它通过踏石来

刺激足部的穴位,从而达到健身的目的。坚持踏石锻炼,可使血压正常,睡眠香甜,食欲增强,身体轻松。可以说,赤脚走与踏石走都是一种放松两脚,使脚底筋骨、肌肉、血管、神经得到良性刺激的健身走方式。

动作方法　见图3-3-4

（1）上体自然正直,目视前方,两肩放松;

（2）两腿交替屈膝前摆,从脚跟着地过渡到前脚掌着地时,另一腿屈膝前摆,并以脚跟着地;

（3）两臂与两腿协调配合,前后自然摆动。

技术要点

（1）开始走时速度要慢,注意全脚掌着地,以利于脚底和卵石充分接触;

（2）行走时大腿要比正常走抬得高一些,前脚踏稳之后,后脚再蹬石离地;

（3）步履应和缓从容,以使全身气血顺畅、平和;

（4）步幅较小,每步为40～50厘米,步速比慢步走时还要慢一些,每分钟走20～30米,健身者可根据自己的不同情况进行适当的调整。

错误纠正

（1）赤足练习时易出现掌握不好时间和踩踏力度等问题,因此,应步履和缓从容,步幅较小,否则会损伤足底肉垫,产生慢性足底疼痛;

（2）练习时易出现不会用脚趾抓持地面等问题,因此,应注意用脚趾抓持地面,避免足底负重过于集中到足跟和前脚掌。

注意事项

（1）在赤脚走前,应选择好健身地点,检查地面是否有对脚底有损伤的物体,如玻璃碎片等;

（2）初次进行赤脚走的健身者一定要量力而行,切不可急于求成;

（3）在赤脚走的前期,速度要慢,并逐步体会石子按摩脚底的感觉,直到适应后再结合自身实际情况调整步行的速度;

（4）刚开始进行赤脚走的健身者,不宜在雨天或冷天进行,以免脚部受凉致病。

图 3—3—4

倒步走

倒步走即倒退着走步,是一种"倒行逆施"的健身运动。它比向前走的体能消耗大、心率快,可以很好地锻炼身体的平衡性。它不仅可以刺激不常运动的肌肉,使腰脊肌、膝关节周围的肌肉和韧带以及股四头肌得到锻炼,使血液循环和机体处于一种平衡状态,还能使腰部肌肉有规律地收缩和松弛,从而改善腰部的血液循环和营养供应。

动作方法 见图3—3—5

(1)上体自然正直,目视前方;

(2)右腿支撑,左腿屈膝后摆下落,前脚掌先着地后过渡到全脚掌着地,身体重心随之移至左腿,然后右腿屈膝后摆下落,前脚掌先着地后,过渡到全脚掌着地。

技术要点

(1)向后迈腿,当脚落地站稳后,再移动身体的重心;

(2)身体重心落到落地脚上后,另一只脚再离开地面;

(3)倒步走的步幅以1~2个脚长为宜,步速为每分钟45~60步,健身者可通过改变步频或步幅来加大或放慢速度;

(4)倒步走的距离一般为600~1000米,也可根据自己的身体情况而定。

错误纠正

(1)倒步走时易出现两手背在身后或交叉放于身前等问题,因此,应将两手自然置身体两侧,以便在遇到意外时能及时地保护头部;

(2)倒步走时易出现身体过分后倾,过度向后仰头等问题,因此,应不论在何种情况下,都保持身体中正,更不要急速转头,以确保安全。

注意事项

(1)为最大限度地避免风险,倒步走应避免在硬地面,如马路、石子路或和凹凸不平的路面进行,应选择在草地、土地、沙地等相对比较安全的地面进行;

（2）开始时，会明显感到不适应，甚至有可能摔倒，这时一定要保持冷静，缓步行走，循序渐进；

（3）倒步走时，不要过多地看两旁，否则会分散注意力，容易摔倒；

（4）最好找一个同伴一起进行倒步走，这样既可彼此照顾，又可相互鼓励；

（5）开始时的运动强度要小，适应之后再加大运动强度；

（6）老年人的神经调节能力较差，发生摔伤的危险性较大，不宜进行倒步走锻炼。

图 3-3-5

爬楼梯是近年来在城市中兴起的一种有效的健身走方式。爬楼梯时身子势必会向前倾，从而增强下肢肌肉和韧带的力量，保持下肢关节的灵活性。同时，爬楼梯时，呼吸频率和脉搏次数也会随之加快，这对增强人体呼吸，加强心脏、血管系统的机能，具有良好的效果。

动作方法 见图 3-3-6

（1）上楼时，上体略前倾，有意识地屈膝抬腿；

（2）下楼时，上体略后仰，肌肉放松。

技术要点

（1）上楼速度应与慢步走速度接近或略慢一点，下楼速度应比上楼速度略快些；

（2）爬楼梯时，放松肩膀和颈部，尽量保持颈部挺直，目光略向上

看,时刻盯着梯级;

（3）爬楼梯要特别注意脚部的动作,脚掌要完全踏在梯级上,步伐要轻,步速要慢;

（4）每分钟的呼吸次数要比平地走路多 3～5 次,每分钟的脉搏次数要比平地走路多 5～10 次;

（5）每周坚持上下楼梯 800～1049 阶,这样锻炼效果最佳,能够有效地发展腿部力量,改善心血管系统功能。

❋ 错误纠正

（1）爬楼梯时易出现弯腰低头等问题,因此,应放松肩部和颈部,尽量保持颈部挺直;

（2）爬楼梯时易出现过度用力踏楼梯等问题,因此,应将脚掌完全踏在梯级上,步伐要轻,步速要慢;

（3）爬楼梯时易出现没有控制好腿的高度、蹬离地面时脚趾不用力等问题,因此,应该根据台阶的高度控制好抬腿的高度,抬脚要利落、到位,落脚要稳、准确和缓慢。

❋ 注意事项

（1）运动时要精神集中,始终目视前方,呼吸自然,两臂自然摆动,精神分散容易绊倒;

（2）年老者和体力较差者在开始时,可扶着楼梯的扶手进行爬楼梯锻炼,一定要注意安全;

（3）心血管机能不良者,爬楼梯一定要慎重,注意运动量,不要勉强,以防不测;

（4）楼梯过道要相对宽敞、明亮、空气新鲜,不要在有堆放物品的楼梯和拐弯处锻炼;

（5）锻炼前应先活动腰、膝和踝关节,锻炼时应穿软底鞋,动作要轻缓,不要勉强做难度高的动作(如一步登两个以上台阶的动作),应量力而行。

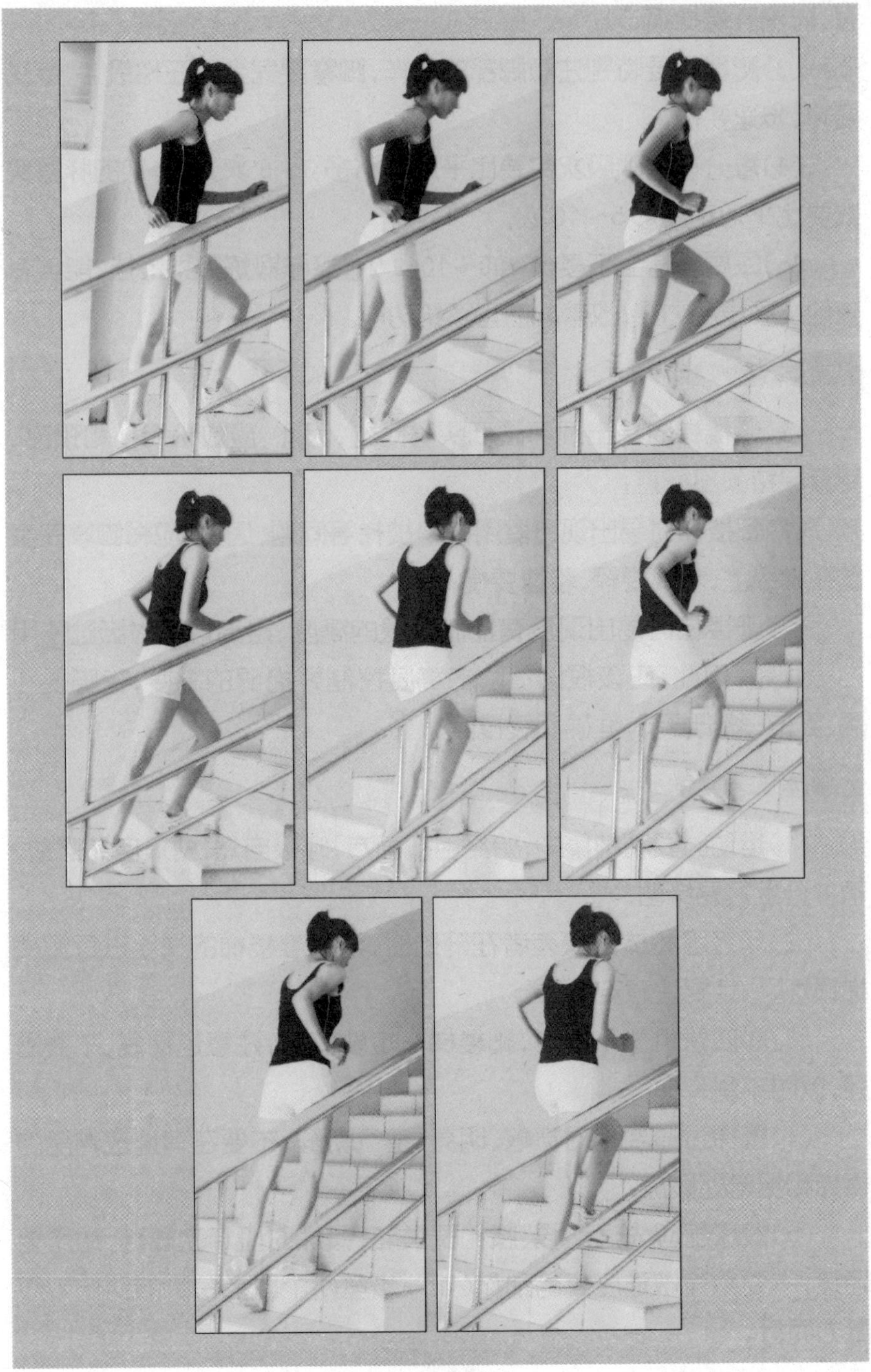

图 3-3-6

绕圈走

绕圈走的行走方法类似走圆圈。长期坚持绕圈走,有疏通经络、调和气血、保持人体阴阳平衡的功效,还可有效防治低血压、偏头痛、失眠、闪腰、腰腿疼、肥胖症等常见疾病。

动作方法　见图3-3-7

(1)设想地面有一个直径1米左右的圆圈,人站立于线外,面向圆圈内,脊椎伸直,腰部自然下沉,先跨出左脚,在距右脚尖前10~20厘米处落脚,接着跨出右脚;

(2)行走时不可低头、弯腰,两膝自然略屈,速度切勿过快,如此行走数分钟或一定圈数后再换方向,可两腿交叉走,亦可"八"字走;

(3)走圈时两肘屈,两臂外撑,五指自然分开,虎口相对,两臂撑呈圆形,指尖相对,相距15厘米左右,置于小腹肚脐的丹田位置。

技术要点

(1)左脚脚尖直着向前迈出,通过腰劲提起右脚,沿左脚内侧迈出;

(2)右脚向内扣步,形成一个角度,从而使人能在正直的情况下完成绕圈动作;

(3)两膝略屈靠拢,沉肩坠肘,含(收)胸拔背,松腰舒胯;

(4)头部向上,颈椎拉直,适度向左转头,目视圆圈中心点;

(5)以7~9步走完一圈为宜,每次15~20分钟,走完一圈后换一次方向。

错误纠正

(1)绕圈走时易出现低头弯腰、掌握不好速度等问题,因此,应含胸拔背,松腰舒胯,速度不能过快;

(2)绕圈走时易出现目光游移等问题。因此,应保持目视圆圈中心点。

注意事项

（1）初学者走完以后会有眩晕、呕吐的感觉，属于正常反应，练习2周后，状况会自然消退。

（2）注意走圈时目光不要到处游移，一则可以减缓头晕，二则能练习眼睛的定力。

图 3—3—7

雨中步行

雨中步行是近年来欧洲兴起的一种健身运动方式。据说,这种"雨中步行"的运动,会给人们带来一种独特的舒适、愉快和清新的感觉。选择在雨中步行,不是为了追求浪漫,而是因为它具有特殊的健身功效。

  见图 3—3—8

(1)上体自然正直,抬头挺胸,腹部和臀部略收,保持与脊柱呈一

直线；

（2）两腿交替屈膝前摆，从脚跟着地过渡到前脚掌着地时，另一腿屈膝前摆，并以脚跟着地；

（3）两臂与两腿协调配合，前后自然摆动。

技术要点

（1）步幅较小，每步为 50～60 厘米；

（2）步速较慢，每分钟走 30～35 米。

错误纠正

（1）雨中步行易出现没有注意步行时的基本姿态等问题，因此，应上体自然正直，抬头挺胸，腹部和臀部略收，两肩放松，手臂自然下垂，前后自然摆动；

（2）雨中步行易出现掌握不好步幅、步速过快等问题，因此，应保持步幅较小、步速较慢。

注意事项

（1）应热身后再进入雨中，时间不宜过长，以 30 分钟左右为宜，老年人不宜进行雨中步行；

（2）身体虚弱者对雨中步行应采取谨慎态度，可先在小雨中步行，慢慢适应后再做新的尝试，不能接受雨水冲洗者，如有病在身者，不适宜雨中步行；

（3）雨中步行后，一定要换下湿漉漉的衣服，否则容易导致感冒等疾病，换衣之后最好洗一个热水澡，这样可舒张血管，加强血液循环，改善身体各个器官的功能；

（4）选择下小雨的日子进行锻炼，不要选择下大雨的日子；

（5）雨中步行要关注天气情况，如夏秋季雷雨天气时，必须等到雷声停止时，方可外出步行，避免出现雷击伤人事故。

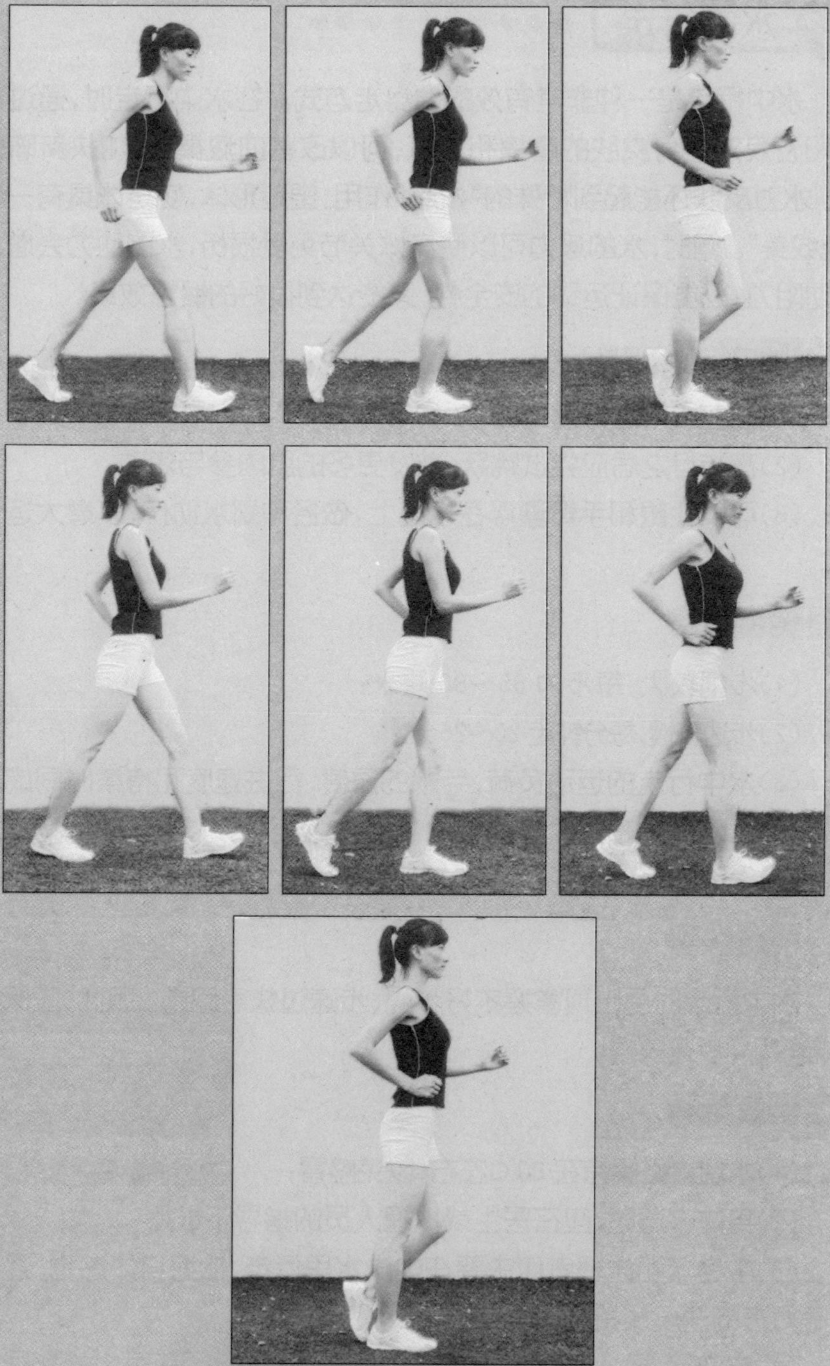

图 3-3-8

水中行走

水中行走是一种非常有效的健身走方式。在水中行走时,通过水流和波浪对全身皮肤的摩擦和拍打,可以改善血液循环,加快新陈代谢。水对皮肤还能起到特殊的"按摩"作用,塑造形体,使身体具有一种"流线美"。同时,水的浮力可以使身体关节免受损伤,水的动力会增大运动阻力,既能保证运动的安全性,又能达到很好的锻炼效果。

动作方法 见图3—3—9

(1)先在水中进行普通的步行;

(2)在步行之后应尝试跳跃,激发更多的肌肉参与活动;

(3)可以让腿和手臂漂浮在水面上,做各种划水动作,以增大运动量。

技术要点

(1)步幅较大,每步为65~80厘米;

(2)步速较慢,每分钟走20~25米;

(3)水中行走的运动负荷,与水的深度、行进速度和持续时间成正比。通常,水面不超过大腿上端为"浅",达到腰部为"中",达到胸部为"深"。

错误纠正

水中行走时易出现掌握不好步幅、步速过快等问题。因此,应保持步幅较小,步速较慢。

注意事项

(1)水温最好保持在30℃左右,以免感冒;

(2)身体不适时,应在医生或护理人员的指导下进行;

(3)中老年和体弱者应主要在中浅水里行走,依据身体感觉,逐渐提高行进的速度和持续时间;

(4)高血压、冠心病患者进行水中行走锻炼,必须在医生的指导看护下进行,以确保安全。

健身走基本技术

图 3-3-9

扭着走是在健身走的过程中加大腰部和胯部动作的一种行走锻炼方法,旨在增强腰部力量和身体的柔韧性,并促进消化系统的功能。

❋ 动作方法 见图 3-3-10

(1)两手握拳,模仿跑步动作;

(2)膝关节弯曲,大腿适当高抬,左髋、左腿向右扭转迈步后,右髋、右腿再向左扭转迈步,一步一步扭着走。

❋ 技术要点

(1)摆动胯,使腹部随着胯的摆动颤起来;

(2)在扭着走的过程中,加大腰部和胯部的转动,让身体在行走中有节奏地扭动起来,每走一步腰和胯都要进行左右转动;

(3)一般每天坚持扭着走 500 米,长期坚持可以达到一定的效果。

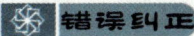

错误纠正

（1）扭着走时易出现胯的摆动幅度不够，腹部没有随着胯的摆动颠起来，难以达到健身效果等问题，因此，应该尽量使胯像挂钟一样摆动；

（2）扭着走时易出现胯部的转动缺少节奏，不够自然等问题，因此，应像模特走"猫步"或者田径中的竞走一样，学习和体会转动胯部的感觉，尽量做到放松、自然。

注意事项

（1）做好热身运动，行走前充分活动腰部；

（2）扭动的动作不宜太大，可逐步加大扭动幅度；

（3）老年人进行扭着走锻炼时，速度、节奏应放缓，防止用力过猛后的扭伤和平衡改变后的摔伤。

图 3-3-10

弹着走

弹着走是指在健身走的过程中,在一定的距离上,前脚掌用力蹬地,使步伐具有弹跳感的行走锻炼方式。弹着走可以有效强化脚部肌肉的弹性,保证脚部的健康,延缓脚弓的退化。

动作方法 见图3—3—11

行走过程中,加重前脚掌和脚趾蹬地的力量,脚后跟尽量不要沾地,让身体有节奏地弹跳着行走。

技术要点

(1)每走一步,所有脚趾和前脚掌都要有意识地主动发力,特别是大拇脚趾要用力,这样脚弓才会参与用力;

(2)蹬地速度要快,才能产生弹跳感,有效地锻炼脚部的肌肉;

(3)脚跟基本不沾地或者只是轻沾地,让脚弓承担大部分的体重,增加脚部的负重效率;

(4)弹着走持续200米,能产生较好的锻炼效果。

错误纠正

弹着走时易出现"弹"着走的感觉把握不好等问题。因此,应蹬地速度快,产生弹跳感。

注意事项

(1)"弹"着走的感觉比较难把握,应加强平时的练习,循序渐进,不能一蹴而就;

(2)患有严重心脑血管疾病者不宜进行;

(3)体重过重的中老年人练习时应慎重,患有严重并发症者,尤其是脚部并发症者不建议采用此锻炼方法;

(4)练习前先请就个人身体状况,咨询相关医生。

图 3-3-11

高抬腿走是健身走中加大抬腿高度的一种行走锻炼。高抬腿走能加大腿部肌肉群以及腰、腹部肌肉的运动量，特别能加强腹斜肌的强度和弹性，坚持锻炼，有助于腹部减脂，保持健康的体态。

动作方法 见图 3-3-12

（1）走路时，放慢脚步，膝关节弯曲，尽量将腿向高处抬起，重心上提；

（2）手臂也相应抬高，大幅度摆臂；

（3）左右腿交换慢走，每次 20 步，每天走 2 次。

技术要点

（1）进行高抬腿锻炼时应降低行走速度，以保持身体的平衡；

（2）抬腿同时，要用力收腹；

（3）腿要抬高，使大腿与腹部夹角尽可能接近 90 度。

错误纠正

(1)高抬腿走时易出现走路速度过快、腿抬起高度不够等问题,因此,要想较好地完成高抬腿动作,应尽量放慢脚步,重心上提,抬腿同时收腹;

(2)高抬腿走时易出现身体平衡性差等问题,因此,应手臂相应抬高,两臂摆开。

注意事项

(1)抬腿的高度应逐步加大,不要追求一次到位;

(2)行走不便的人原地练习高抬腿,也有一定的功效;

(3)锻炼强度要因人而异,髋关节有损伤的人不宜进行此项锻炼。

图 3-3-12

爬着走也是一种很好的健身方法。人在爬行时,全身 70% 的血液与心脏都处于同一水平位置,心血管无须付出很大的负荷来满足人体的需要,因而大大减轻了心血管系统的工作量,这对脑部供血不足、高血压、冠心病和动脉硬化等疾病有一定的疗效。

动作方法 见图 3-3-13

(1)选一块地板或草地,两脚站立,把腰弯下去,两手撑住地面;

(2)左手伸直向前爬,右脚跟上,右手伸直向前爬,左脚跟上。

技术要点

(1)两膝、两肘或两手着地爬行,速度应先慢后快,以不喘不累为原则;

(2)尽量把腿伸直,腹部往上提;

(3)初练的时候,要掌握运动量,一般先爬行 2~3 分钟,循序渐

进,等手、脚配合熟练后,再增加运动量,此时需爬 7～8 分钟。

🏵 **错误纠正**

（1）爬着走时易出现爬行动作不协调等问题,因此,应注意体会动作要领,手、脚配合协调;

（2）爬着走时易出现爬行动作过于紧张等问题,因此,应尽量把腿伸直,腹部往上提,身体放松。

🏵 **注意事项**

（1）开始练习爬行的时候,会非常吃力,手臂、腰、腿容易酸痛,但只要坚持一星期,上述症状就会消失;

（2）老人要循序渐进地进行练习,患有心血管疾病的老年人最好不要进行此项运动;

（3）老年人可以在家里宽敞的地方或者在草地上进行,应选择比较松软的地方,最好带上护膝;

（4）早餐后半小时进行爬着走最为适宜,不要在饭前和饭后爬行,以免影响消化。

健身走基本方式

图 3—3—13

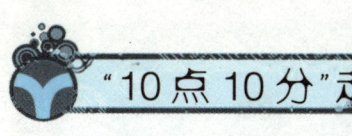

"10点10分"走

"10点10分"走是指在行走的过程中，两臂举起，就像表针指到"10点10分"的位置上的动作方法。它是在健身走的过程中穿插进行的一种锻炼方法。这种方法旨在强化颈部肌肉，缓解和预防颈椎类疾病。

动作方法　见图3-3-14

（1）将两手伸开，置于钟表的"10点10分"位置，两手手指并齐、略用力；

（2）脚下的步法和"快步走"相同。

技术要点

进行"10点10分"走时，可适当降低行走速度，以便保持身体平衡。

错误纠正

练习时易出现两臂酸胀等问题。因此，应注意规范动作，体会动作要领。

注意事项

（1）在"10点10分"走运动前，应适当活动筋骨，使身体各个部位都舒展开来，并使呼吸稳定顺畅；

（2）刚开始时，可以连续走200步，以后可根据自身情况，逐步加大运动量，但不可运动过量。

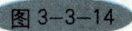
图 3-3-14

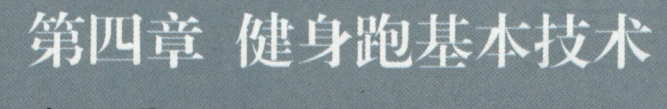

第四章 健身跑基本技术

　　健身跑也是大有学问的。用何种姿势跑?跑多长时间为宜? 跑步时宜用怎样的速度? 要想获得理想的健身效果,在进行健身跑之前就需要了解这些问题。健身跑基本技术包括健身跑运动特点、健身跑技术分析和健身跑基本方式等。

健身跑运动特点

很多人一提起跑步，就会想到各种赛场上的百米冲刺、千米竞逐，想到抢时间、争名次。其实，这种跑步的方式，健身效果是非常低的。怎样的"跑步"才能称为"健身跑"？其实，"健身跑"就是没有争先恐后的长跑、慢跑。

跑程要长

跑程长最为重要的一点是，人体内可"主动地"将当前血液中的血糖全部消耗掉，同时还能消耗掉人体内蓄积的多余热量。这种"主动地"消耗是降低血脂、血糖，缓解血压的最好的方法。更为重要的是，其对健康的伤害几乎为零。

跑程长意味着跑步时间要长。这样，心肺功能在与跑步节奏长时间和谐配合中，才能得到很好的加强与提高。许多坚持健身跑的健身爱好者都认为，要达到较好的健身效果，至少每周有4～5天要跑够5000米的距离。

跑速要慢

不同的跑速对心脑血管的刺激是不同的，慢速跑对心脏的刺激比较温和。至于具体的跑速，应因人而异。对于刚开始参加健身跑的人，有一个简单的判断办法：能步伐平稳、呼吸均匀、不太难受地跑完1000米，这就是对自己较合适的速度。以后按这个速度坚持，并逐渐延长跑距，直至每次能跑5000米或40分钟。这个跑距保持一段时间后，如各方面感觉良好，就可以向万米的目标渐进了；如果刚开始时跑不了1000米，说明速度快了，下次运动的时候应该再慢一些。

减慢跑速有两个方法，一个是跑步的节奏，一个是跑步的步幅。跑步的节奏就是每一次呼吸所跑的步数。一般人慢跑,以每一次呼吸跑4步为宜;呼吸放慢些,跑速自然就会慢下来。至于跑步的步幅,每跑一步只要轻松自如,没有使劲跨出的感觉,就是适合自己健身跑的步幅。总之,健身跑要始终保持步伐轻松、呼吸畅顺、节奏平稳的感觉才好。

第二节
健身跑技术分析

跑步人人都会,但不一定姿势都正确。姿势正确不仅具有美感,而且省力、安全,能在同样的时间和距离内,取得更好的效果。健身跑的技术动作可从上体姿势、腿部动作、脚着地动作、手臂动作、呼吸方法、弯道跑技术、上坡和下坡跑技术等方面来分析。

上体姿势

正确的上体姿势可以为内脏器官的工作创造有利条件,并减少不必要的体力消耗。

动作方法　见图4-2-1

(1)上体略前倾(约5度左右)或几乎正直;
(2)面部和颈部肌肉放松,目视前方;
(3)躯干不要左右摇摆,头部与上体呈一直线。

技术要点

下颌略收,两眼平视,颈部肌肉较放松。

错误纠正

练习时易出现躯干左右摇摆,头部与上体不在一条直线上等问题。因此,应注意规范动作,体会技术要领。

 **注意事项**

上体自然伸直，不要太僵。

图 4-2-1

 **腿部动作** ◆◆◆◆◆◆◆◆◆◆

人体不断向前移动，是由于两腿交替摆动与地面产生支撑反作用力和摩擦力，不断推动人体重心前移的结果。蹬地力量、速度、方向、腿的支撑时间与腾空时间的比例等，决定着每一步加速程度的大小。所以，后蹬和前摆是健身跑的主要技术环节。

动作方法 见图 4-2-2

（1）在后蹬结束的瞬间，摆动腿的大腿带动小腿迅速向前摆动，小腿顺惯性与大腿自然折叠；

（2）摆动腿积极前摆，但不要抬得过高，带动髋部前移和转动，身体重心前移；

（3）腾空时，身体重心不要过高，蹬地腿的肌肉放松，大腿迅速向

健身跑基本技术

前摆出，大、小腿顺惯性自然折叠。

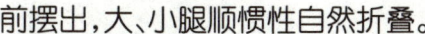

技术要点

（1）在摆动腿前摆的过程中，膝部放松，小腿也自然放松；

（2）当蹬地结束时，摆动腿的小腿几乎与支撑腿平行；

（3）腾空时，放松肌肉，大腿迅速向前摆出。

错误纠正

（1）健身跑时易出现摆动腿抬得过高等问题，因此，应控制抬腿高度，带动髋部前移和转动，身体重心前移；

（2）腾空时易出现身体重心过高等问题，因此，应控制身体重心，不要过高；

（3）腾空时易出现蹬地腿过于紧张，导致大腿不能迅速前摆等问题，因此，蹬地腿的肌肉应放松，大腿迅速向前摆出，大、小腿顺惯性自然折叠。

注意事项

从摆动腿前摆，蹬地结束，到腾空三个过程，腿部要尽量放松。

健身跑技术分析

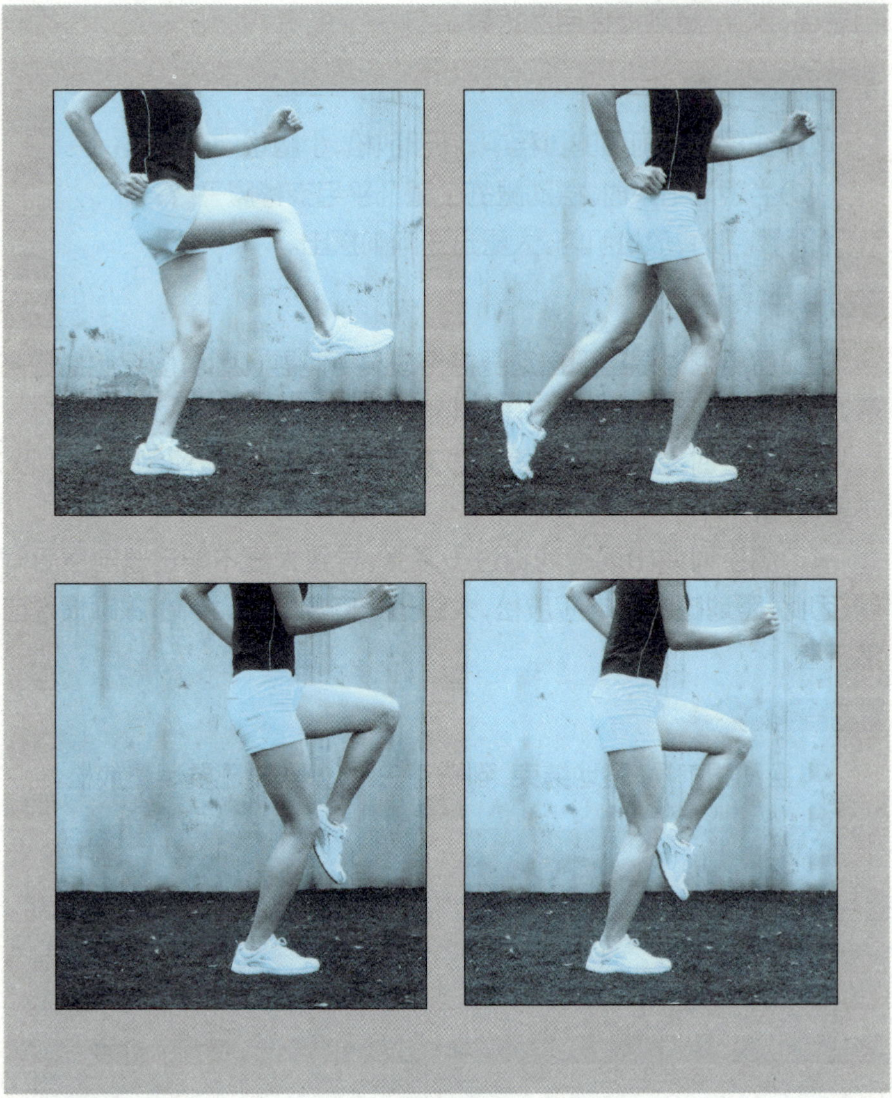

图 4-2-2

脚着地动作

在跑的过程中用前脚掌着地，使身体重心处于较高位置，减少上下起伏的程度，有利于缩短支撑时间和提高速度。

动作方法 见图4-2-3

（1）大腿开始下落时，膝关节自然伸直；

（2）脚与地面接触之后，落地腿的膝关节略弯曲，先是前脚掌着地，紧接着是全脚掌着地；

（3）在脚着地的瞬间要抑制重力作用，不要使脚塌陷，否则会失去跑的弹性。

技术要点

当摆动腿前摆到最高位置后，大腿积极下压，膝部放松，用前脚掌做"扒地"动作。

错误纠正

练习时易出现脚与地面接触之后，落地腿膝关节略弯曲，直接用全脚掌着地等问题。因此，应先用前脚掌着地，再过渡到全脚掌着地，以缓冲脚落地时产生的冲击力，并为过渡至后蹬动作创造良好的条件。

注意事项

着地点约在身体重心投影点前一脚至一脚半处。

健身跑技术分析

图 4-2-3

 手臂动作 ◆◆◆◆◆◆◆

正确的手臂动作不仅能够维持身体平衡，而且还能直接影响腿部动作的用力程度、速度和幅度。

动作方法 见图 4-2-4

（1）两臂略离开躯干，肘关节弯曲成 90 度左右，两手半握拳；

（2）以肩关节为轴前后自然摆动，向前摆动时略向内侧偏，向后摆动时略向外侧偏；

（3）前摆要摆到身体中线，高度不得超过下颌。

技术要点

以肩关节为轴，两臂前后自然摆动，摆至身体中线处。

错误纠正

练习时易出现前摆高度超过下颌等问题。因此，应注意前摆高度，体会动作要领。

注意事项

摆动幅度随速度变化而变化，速度快时手臂的摆动幅度要大一些，速度慢时手臂的摆动幅度要小一些。

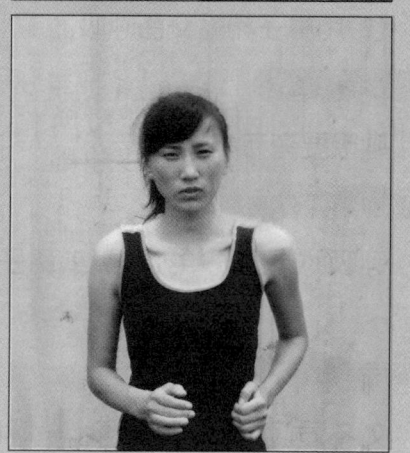

图 4-2-4

 呼吸方法 ◆◆◆◆◆◆◆◆◆◆◆

在健身跑中掌握好呼吸方法,既能跑得轻松,不易疲劳,又能增强运动的节奏感。

动作方法

(1)两步一吸,两步一呼;

(2)用鼻子和嘴交替呼吸。

技术要点

呼吸要有节奏。

错误纠正

呼吸时易出现单纯用嘴或鼻子呼吸等问题。因此,应口鼻呼吸并用。

注意事项

如不适应两步一吸、两步一呼的方法,也可采用自我感觉适宜的呼吸节奏。

在进行健身跑锻炼时，经常会遇到弯道或转弯，因此，掌握弯道跑技术十分必要。

❋ 动作方法　见图4-2-5

以向左转弯为例：

（1）身体略向左倾斜；

（2）右腿向前上方摆动时，膝略内扣，用前脚掌的内侧着地；

（3）左腿向前上方摆动时，膝部略外展，用前脚掌的外侧着地；

（4）右臂后摆时，肘关节略偏向右后方，前摆时略向前方，右臂摆动的幅度和力量要大于左臂。

❋ 技术要点

摆臂时，内侧臂后摆幅度略小，外侧臂后摆幅度略大。

❋ 错误纠正

跑步时易出现身体正直等问题。因此，应身体略向左倾斜，有助于克服离心力的影响。

❋ 注意事项

（1）应根据年龄、性别、体质等情况安排运动量，集体练习时将水平相近的分在一组内；

（2）练习时要求身体放松，跑的节奏与呼吸配合，培养良好的速度感；

（3）有些动作和内容可以一个一个地练习，以提高练习质量和效果；

（4）经常变换练习形式，提高运动兴趣，既学到了跑步技术，又达到了一定的运动量。

图 4—2—5

上坡和下坡跑技术

　　进行健身跑锻炼过程中，路面常常会出现变化。如在城市中可能是平坦的柏油路面，而在郊外和田野上可能是土路。不管是什么路面，上坡和下坡是经常遇到的。有的坡面陡而短，而有的坡面则缓而长，这就对健身跑练习者提出了不同的技术要求。

 **上坡跑**

动作方法 见图 4-2-6

（1）上体前倾大一些，两臂摆动放松而有力；

（2）大腿前摆要高，步幅适当缩小，两腿交换的频率快一些；

（3）用前脚掌着地，后蹬时用力大一些。

技术要点

上坡跑时的速度不宜过快。

错误纠正

上坡跑时易出现用大步跑的问题。因此，步幅应适当缩小，两腿交换频率快一些。

注意事项

初次练习时可先放慢速度，适应跑步路线后再提高速度。

图 4-2-6

下坡跑

❀ **动作方法**　见图 4-2-7

（1）上体正直，几乎与地面垂直；

（2）脚落地时几乎用全脚掌着地，在坡度较陡的下坡跑时，可以脚跟先着地；

（3）两臂放松摆动，利用好身体向前的惯力。

❀ **技术要点**

做放松的大步跑。

❀ **错误纠正**

下坡跑时易出现没利用好身体向前的惯性等问题。因此，应两臂放松摆动,利用身体向前的惯性,做放松的大步跑,以有效地节省体力。

初次练习时可先放慢速度,适应跑步路线后再提高速度。

图 4-2-7

第三节

健身跑基本方式

　　健身跑是没有争先恐后的长跑、慢跑，其特点是持续时间长，体能消耗大。科学、协调的动作方法在健身跑中可以起到降低消耗、节省体能的作用。健身跑的形式有很多种，包括慢跑、小步跑、水中慢跑、侧身滑步跑、高抬腿跑、倒跑、沙滩赤脚跑、越野跑、登山跑和原地健身跑等。

　　较慢速度的健身跑，也叫慢跑。这种健身运动方式简单、作用显著，可以使锻炼者增强心肺功能，保持青春活力，尤其适合于广大中老年人和体力较弱者参与。

❋ 动作方法　见图 4-3-1

　　（1）上体正直并略向前倾 5 度左右，使头与身体基本呈一直线，不要左右摇摆；

　　（2）前摆腿时，大腿积极向前上方高抬，同时带动髋关节尽量前送，小腿保持放松且自然下垂，前摆下落时前脚掌着地，接着向后方尽力蹬伸；

　　（3）脚落地时，注意缓冲，前脚掌先着地，然后过渡到全脚掌着地。

❋ 技术要点

　　（1）跑步前脚掌先着地，再过渡到全脚掌着地；

　　（2）跑步时应保持有节奏的呼吸，开始时鼻子吸气，口呼气，逐渐过渡到口鼻同时呼吸；

　　（3）每次慢跑不少于 40 分钟。

❋ 错误纠正

　　（1）慢跑时易出现两脚落地动作不正确等问题，因此，应前脚掌先

着地,再过渡到全脚掌着地,这样可以利用脚弓的弹力,来缓冲落地时产生的震荡;

(2)慢跑时易出现步频过快等问题,因此,应缩短步幅来减慢速度,以减少受伤的可能性。

❋ 注意事项

(1)有急性支气管炎、肺炎、肺气肿、严重肺结核、高血压和心脏病的患者不宜进行慢跑;

(2)没有体育锻炼习惯的中老年人,在参加慢跑锻炼前,应做全面的身体检查,锻炼时最好在医务人员、社会体育指导员的指导下进行;

(3)开始练习慢跑时,运动量应循序渐进,可以采取慢跑加步行交替的方式进行,距离不宜太长,等身体逐步适应了慢跑后,再适当减少步行,直到全部慢跑;

(4)跑步时出现胸痛、心跳显著加快、头痛、恶心、脸色苍白、出冷汗等症状时,应立即中止运动;

(5)运动后,应舒展身体,做充分的放松活动。

图 4-3-1

 小步跑 ◆◆◆◆◆◆◆◆◆◆

　　小步跑的作用是提高关节的灵活性、柔韧性以及动作频率。这对提高跑步的速度和改进跑步的技术都有很大帮助。

动作方法 见图 4-3-2

　　（1）骨盆前挺，全身舒展；

　　（2）放松膝关节，两腿交替屈膝抬举，迅速放松下落，小腿顺势前摆，用前脚掌着地，完成"扒地"动作，并迅速伸直踝、膝、髋三个关节；

　　（3）两臂屈肘，肩部放松，配合两腿动作做前后摆动；

　　（4）肩部放松，上臂自然下垂，肘关节的弯曲度略小于直角，两手自然半握拳，前摆时手略向内，后摆时肘部略向外，做到前摆不露肘，后摆不露手。

技术要点

（1）小步跑要求步幅小，频率快而放松；

（2）小腿自然伸开，用前脚掌着地，支撑腿各关节充分伸展，骨盆前送，两臂前后摆动，配合两腿动作；

（3）保持高重心和髋关节的伸展。

错误纠正

（1）小步跑时易出现上体姿势不正确、身体后仰等问题，因此，应保持上体正直或略前倾；

（2）小步跑时易出现两腿未放松、抬腿过高等问题，因此，应放松膝关节，两腿交替屈膝抬举，不要过高；

（3）小步跑时易出现脚着地时没有"扒地"动作等问题，因此，应用前脚掌着地，完成"扒地"动作；

（4）小步跑时易出现身体重心下降，蹲着跑等问题，因此，应抬高身体重心，保持高重心和髋关节的伸展；

（5）小步跑时易出现外"八"字或内"八"字跑等问题，因此，应注意跑的过程中膝关节向前。

注意事项

（1）每周跑的次数及每次跑的距离应逐渐增加，不能急于求成；

（2）跑步时应认真地做好准备工作，不仅是肢体关节等方面的热身准备，也包括熟悉运动路线及适宜的服装和鞋袜的准备等；

（3）跑完后不应立刻停止运动，需以步行或慢跑过度，可做几次深呼吸，放松一下肌肉，让心、肺等器官及运动系统的疲劳得到恢复；

（4）最好在草地或软硬适宜的土质、塑胶跑道上进行锻炼，在坚硬的柏油、水泥路面上锻炼要适度，并穿底部较软的跑鞋。

图 4-3-2

水中慢跑

水中慢跑是一种新的锻炼手段,通常在泳池内进行,其优点是既能提高跑速、保持强度，又可以避免受伤。水中的阻力比陆上空气的阻力大 12～14 倍，因此水中跑的运动量比陆上跑的运动量大，能更好地达到有氧健身的目的。

动作方法　见图 4-3-3

（1）选择水深 1.5～2 米的水池，腰间系着一条漂浮带，运动时，脚不着地，头部和肩膀露出水面；

（2）从快走开始，逐渐加快速度，手脚模仿跑步的动作；

（3）膝盖提到与臀部平行的高度，然后再向下踩。

技术要点

（1）水中跑前应充分热身，跑时步伐要小、步速宜慢，不要操之过急，动作不要过猛；

（2）手臂弯曲 90 度，以肩关节为轴，前后挥动，手指不露出水面；

（3）如果觉得水的阻力太大，还可以用两手将水向后拨，运动时凭自己的感觉调整强度。

错误纠正

（1）水中慢跑时易出现手臂前后挥动的过程中手指露出水面等问题，因此，应注意手臂的摆动；

（2）水中慢跑时易出现身体向后仰等问题，因此，身体应尽量向前探，以免后仰摔倒。

注意事项

（1）锻炼前应检查身体状况，注意过去曾患的疾病及运动损伤、药物的服用情况等；

（2）在水中慢跑时要注意循序渐进，选择的水池不易太深，而且要在水底平滑干净的水域，不要在水中单独锻炼；

（3）孕妇、发热或体温过低者及有运动损伤者不宜参加水中锻炼；

（4）运动前后需要各做 5 分钟的准备活动，让肌肉先预热一下，然后再下水；

（5）慢跑 5 分钟后，心跳速度不应超过每分钟 110～130 次，并以休息和运动交替进行为宜。

图 4—3—3

侧身滑步跑即向身体左侧或右侧跑,这种跑步方式既可解除其他跑步方式的疲劳,又可增加跑步的趣味性,还能使全身肌肉关节都得到较好的锻炼,增加机体的灵活性、敏捷性、协调性及平衡能力。

动作方法 见图 4—3—4

(1)向左跑时,右脚先从左脚前方向左移动一步,左脚再从右脚后方向左移动一步,然后右脚从左脚后方向左移动一步,左脚再从右脚前方向左移动一步,完成一个复步;

(2)向右跑时,左、右脚的移动方向相反;

(3)可先向左跑 10～20 个复步,再向右跑 10～20 个复步,根据自我感觉适当增加或缩短距离。

技术要点

(1)侧身滑步跑时左右脚移动最好在一条直线上;

(2)两臂协调摆动,保持身体平衡。

错误纠正

(1)侧身滑步跑时易出现左右脚移动不在一条直线上等问题,因此，应注意脚步的移动；

（2）侧身滑步跑易出现身体上下起伏，两脚交叉等问题，因此，重心应保持在两脚之间，保持身体平稳。

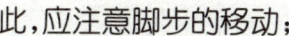

（1）应选择在平坦和松软的路上跑，如果在柏油路上跑，最好穿有海绵垫的胶鞋，这样的鞋缓冲较大，可以缓冲地面对下肢的冲击；

（2）跑前要做好准备活动，使身体各部位，尤其是膝、踝关节得到较充分的活动，开始时不能跑得过快，这样容易使下肢关节和肌肉受伤。

健身跑基本方式

图 4-3-4

 高抬腿跑 ◆◆◆◆◆◆◆

　　高抬腿跑可增强腿部肌群的力量，提高关节的灵活性和柔韧性以及动作频率，对提高跑步成效有很大帮助。

动作方法 见图 4-3-5

　　（1）上体正直或略向前倾，身体重心提高，骨盆前挺，全身放松舒展；

　　（2）屈膝高抬腿，大腿与躯干的角度接近 90 度，然后积极下压，用前脚掌着地，并迅速伸直踝、膝、髋三个关节，两腿交替进行；

　　（3）两臂屈肘，配合高抬腿动作前后摆动。

❋ 技术要点

（1）上体正直或略前倾，两臂前后摆动；

（2）大腿积极向前上方摆至水平位置，并略带动同侧髋向前，大小腿尽量折叠；

（3）在抬腿的同时，另一腿的大腿积极下压，前脚掌着地，重心提起，用踝关节缓冲。

❋ 错误纠正

（1）高抬腿跑时易出现两腿抬起高度不够等问题，因此，应屈膝高抬腿，使大腿与躯干的角度接近90度；

（2）高抬腿跑时易出现身体后仰等问题，因此，应保持上体向前倾，身体重心提高；

（3）高抬腿跑时易出现两腿外"八"字等问题，因此，应注意两腿之间夹紧。

❋ 注意事项

（1）每天锻炼时间可控制在15分钟左右，但饱腹时不宜进行；

（2）最好把锻炼时间安排在晨起或晚上睡觉前，这样可不影响肠胃内食物的消化。

图 4-3-5

 倒跑

倒跑即倒退着跑，这改变了脚的用力方法和肌肉的运动方向。倒跑不是将压力集中在身体某个特定部位，而是一项全身参与的运动。倒跑有利于增强身体的灵活性与协调性，对臀部、大腿及躯干都有很好的锻炼效果。

动作方法 见图 4-3-6

（1）抬头挺胸，目视前方，两手握拳，贴肘于腰的两侧；

（2）高抬小腿，两脚向后的同时将重心向后移。

技术要点

（1）倒跑时要保持头正、颈直、挺胸，目光平视，头也可微微转动，用两眼余光扫视道路，避开障碍物，头转动次数不宜过多，应少于脚后退次数，避免频率过快产生头晕；

（2）倒跑时，肩、臂、肘、手的动作要与腿脚的节奏保持同步，初学者也可两手握拳放在背后顶住腰部，带动两肩向后倾；

（3）前脚发力迈步，后脚负载全身重量，把握身体重心，保持平衡。

错误纠正

（1）倒跑时易出现两手背在身后或交叉放于身前等问题，因此，应两手握拳，贴肘于腰的两侧，以便在遇到意外时能及时保护头部；

（2）倒跑时易出现身体后倾，向后仰头等问题，因此，应保持身体中正，不要急速转头，以确保安全。

注意事项

（1）倒跑练习要注意安全，尤其是防止跌倒；

（2）场地应选择在空气清新的

平坦草地或公园里进行，练习时注意远离踢球或其他从事运动的人，以免发生危险；

（3）体质较弱或腿脚行动不方便者，不宜进行倒跑练习，以免摔跤或发生意外；

（4）倒跑应特别注意对鞋的选择，不要选择带跟的鞋，任何高度的鞋跟对倒跑的安全都是有害无益的，会增加摔伤的概率；

（5）对老年人来说，偶尔一次倒跑，不会有碍健康，但不宜经常进行。

图 4-3-6

沙滩赤脚跑

沙滩赤脚跑是欧美一些国家新兴的一项体育锻炼项目。它是指人们在海滨或运动场等沙地上慢跑，以达到健身目的的一种运动方法。在沙滩上赤脚跑步时，不仅可以使身体新陈代谢的状况得到改善，增强心肺功能，还可增强人体的免疫力。

动作方法　见图 4-3-7

沙滩赤脚跑时，健身者应两手握拳，两臂肘关节保持在 90 度左右，自然地一前一后摆动。

技术要点

（1）跑步开始时，呼吸应深长而均匀，且与步伐有节奏地相配合，一般是 3～5 步呼吸一次，也可适当地延长呼气时间，从中得到深呼吸的锻炼，呼吸的方法是鼻吸口呼；

（2）体质强者可采用变速跑，即慢跑 3 分钟，再快跑 1 分钟，然后慢

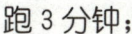

跑 3 分钟；

（3）体弱的老人或小孩可采用走跑交替的方法，走 1 分钟，跑 2 分钟，再走 1 分钟，循环交替；

（4）沙滩赤脚跑锻炼，一般每次 15 分钟，一日两次为宜，须坚持数月方能起到健身、减肥的作用。

错误纠正

沙滩赤脚跑时易出现呼吸急促，张大嘴巴透气等问题。因此，应在呼吸较急促时让口略张开，使空气通过齿缝入口，以避免冷空气刺激咽喉，引起肺部与咽喉的不适。

注意事项

（1）健身者可选择海滨沙地、体育场及健身中心沙地进行锻炼，一般以早、晚餐后两小时为宜；

（2）运动前，应先仔细检查沙地上是否有铁钉、玻璃碴、尖石块等杂物，以免跑步时扎伤脚底；

（3）进行沙滩赤脚跑锻炼前，应先做些身体准备活动，在周身关节、肌肉活动开后，再练习沙滩赤脚跑，以免造成身体不适；

（4）孕产妇及患有血液病、冠心病、脑溢血、尿毒症等病人，不宜进行沙滩赤脚跑练习；

（5）夏季烈日当头的中午，不宜进行沙滩赤脚跑练习，以免中暑；

（6）沙滩赤脚跑后不宜冲冷水澡，应用干毛巾擦净汗，用温水沐浴；

（7）初次练习沙滩赤脚跑者，可先练 5 分钟，几天后加至 10 分钟，最终达到每次 15 分钟，循序渐进，让身体有一个适应的过程。

图 4—3—7

越野跑

越野跑是在田径运动场以外的任何地方都可以进行的跑步方法。它不仅能发展身体的耐力素质，也可以培养勇敢、坚强的品质。由于越野跑的地理环境可以不断变化，因此，它可以改变单调的跑步动作，也可以在跑步的同时观察周围的环境和优美景色，陶冶情操。

动作方法 见图4-3-8

（1）在道路上时，采用基本上与健身跑相同的技术，并选择路面平坦的地方；

（2）在草地上时，用全脚掌着地，同时留心注意前下方，以免陷入坑洼或碰到石头；

（3）上坡时，上体应前倾，大腿高抬一些，并用前脚掌着地，小步跑上去，遇到较陡的斜坡，可改用走步的方法或用"之"字形跑法（走法），必要时可用单手或两手辅助攀登；

（4）下坡时，上体应略后倾，并以全脚掌或脚跟着地的方法进行，遇到较陡的下坡或坡面较滑的斜坡，可用侧脚掌着地，甚至采用蹲势，并用手在体后牵拉（草、树）、撑（地）等方式行进，到达下坡的末端（一般8～10米），便顺坡势疾跑至平地；

（5）从略高的地方（1.5米以下）往下跳时，可用跨步跳的动作，踏在高处的腿（支撑腿）必须弯曲，另一腿则向前下方伸出、跳下，两脚着地，并以深屈膝来缓和冲击的力量，落地时两脚略前后分开，以便继续前跑；

（6）从较高的地方往下跳时，应

设法降低下跳的高度,根据情况采用坐地两手撑跳下,或侧身单手撑跳下,落地时注意两腿深屈;

（7）在树林中奔跑时,注意不要被树枝、树叶、藤蔓等刮伤,特别要防止被树枝戳伤眼睛;

（8）遇到小的沟渠、壕坑、矮的灌木丛或倒伏树木时,应增加跑速,大步跨跳而过,在落地的同时,上体略向前倾,以便保护腰部,在通过较宽(2.5～4米)的沟渠时,需用15～25米／分的加速跑,采用大跨步跳和跳远的方法越过;

（9）遇到大的倒伏树木或其他矮障碍物时,可以用踏过它们的方法越过,遇到较高的障碍物(不超过2米),如矮围栏、土垣等,可用正面助跑蹲跳和一手或两手支撑的方法翻越;

（10）通过独木桥等狭窄悬空的障碍物时,应采取使脚面外转成"八"字的跑法,如果这类障碍物很长,就不应跑,而应平稳地走过。

✿ 技术要点

（1）主要采用身体略向前倾或正直的姿势,尽量使身体各部位(头、躯干、臂、臀、腿、足)的动作协调配合,并且善于利用在跑动中产生的支撑反作用力与惯性不断前

图 4-3-8

健身跑基本技术

进，使身体保持平稳，提高健身跑的效果；

（2）最好利用鼻子与半张开的嘴（用舌尖舔住上颚）共同呼吸，除了在跑动中出现生理"极点"现象时，可以变化呼吸的频率与深度（即用多呼气的方法提高气体的交换率）外，一般情况下，应当采用自然、有适当深度和节奏的呼吸；

（3）体力分配或者按选择的路段，或者按比赛的阶段（起点、途中、终点），或者以自身体能状况的不同而确定，通过工作阶段（肌肉的紧张）和休息阶段（肌肉的放松）适时交替的方法，达到既跑得快，又跑得省力的目的；

（4）一般来讲速度不宜过快，过快或在途中加速太猛，不仅会影响体力的正常发挥，而且会严重影响判断力；

（5）越野跑的较适宜节奏是每分钟 70～90 步（即每步时值为0.8～0.67 秒）。

错误纠正

（1）越野跑时易出现姿势不正确、身体不能保持正直等问题，因此，应保持身体略前倾或正直的姿势，尽量使动作协调配合；

（2）越野跑时易出现速度控制不好等问题，因此，应注意速度不要过快，以免影响体力的正常发挥，甚至影响判断力。

注意事项

（1）发现问题时应立刻停下脚步，分析自己的处境，检查带来的物品和救生装备能否解决问题，若身体受伤，应第一时间进行急救，然后再做打算；

（2）遇到危险可以使用传统的求救方式，如点燃火炬或烟幕弹，吸引路人注意，也可以在高处悬挂旗帜或在地上画上求救字句等；

（3）在得知快有暴风雨来临时，应及早躲避或张开帐篷，待天气稳定后再继续启程；

（4）由于越野跑会使身体消耗大量的水分，因此健身者应携备充足的水和食物；

健身跑基本方式

（5）应预先将行走的行程和路线资料告知亲友,以备遇到危险时,他人能及时通知搜救人员;

（6）结伴成行,彼此间能够有所照应,既安心又放心;

（7）越野跑中常见的路面多种多样,如岩石、泥地、溪流、沙土等,因此要选择保护性及舒适性较高的越野跑鞋。

登山跑在我国很早就已出现,比如北京的登长城跑和爬香山跑,其特点是运动强度大,对心肺功能和腿部力量要求较高。登山跑的终点并不一定设在山顶,跑步的路线也不一定是登山的路线。登山跑对腿部肌肉的力量有较高的要求,因为在跑的过程中要不断克服地心引力。

动作方法 见图 4-3-9

（1）上山时保持在平地时跑的节奏,用同样的力量,逐渐缩小步幅;

（2）接近山顶时,步幅不变,略加快跑步频率;

（3）下山时,上体略后仰,用全脚掌或脚跟先着地,加大步幅,略放慢跑步频率,用较少的力量就可以。

技术要点

（1）正确的登山跑姿势可以充分发挥身体的运动能力,因此,无论上坡或下坡都应保持挺身、头、胸、臀和脚呈一直线,发挥最大的推力;

（2）注意上山与下山步幅的变

化,即上山时缩小步幅,下山时略加大步幅,控制跑速,不要太快;

(3)5～10分钟的热身后,可全力跑4～6组,每组之间用一分钟的慢跑做缓冲休息。

❀ 错误纠正

登山跑时易出现姿势不正确、上身不能保持正直等问题。因此,应注意保持正确的身体姿势。

❀ 注意事项

(1)登山跑时所选择的山坡坡度应在10～15度之间,太陡的坡无法保持能量及节奏;

(2)距离100～200米,用85%的力量跑上去,大约比万米跑速度快一些,再轻松地慢跑下来,如果需要额外的休息时间,可以多休息一会儿;

(3)从每周一次及每次四组开始,然后每周增加一组,达到8～12组为宜;

(4)如果周围找不到一座合适的山,可以用登台阶或者跑楼梯代替,但是速度要慢一些,以确保安全。

图4-3-9

原地健身跑

原地健身跑一般多在因气候因素不能在室外进行时采用,即在原地跑步。为了提高原地健身跑的运动强度和兴趣,可增加动作幅度和难度,如原地小步跑、原地抬腿跑和原地踢腿跑等,也可采用一定时间计数跑,如1分钟可以一共跑多少步等等。

动作方法　见图4-3-10

(1)脚离地高于地面20厘米,高抬腿,脚尖轻轻落地提踵,脚跟不着地,利用反弹力量,使动作有节奏地进行;

(2)两臂自然前后摆动,抬头、含胸、收腹,呼吸自然,跑步节奏可采用3∶3呼吸法,即吸—吸—吸,呼—呼—呼。

技术要点

(1)锻炼时要求动作轻松,呼吸自然、顺畅,鼻吸口呼,吸气要均匀,呼气要充分;

(2)练习原地跑步者,速度宜慢,一分钟140~160步,每次跑5~10分钟,心率一般以控制在105~140次／分为宜;

(3)计算原地跑步数时,可以计算每15秒跑多少步,然后乘以4,即可得到每分钟的步数。

错误纠正

(1)原地健身跑时易出现抬腿高度不够、落地时脚跟着地等问题,因此,应使脚离地的高度高于地面20厘米,高抬腿,脚尖轻轻落地提踵,脚跟不着地,利用反弹力量,使动作有节奏地进行;

(2)原地跑时易出现一开始速度过快、动作过大等问题,因此,原地跑的速度应逐渐加快,动作也应逐渐加大。

注意事项

(1)为避免发生踝关节扭伤等运动损伤,应选择较为平整的地面,若是比较硬的水泥地,可以在鞋内放海绵垫以予防护;

（2）除了室内要有良好的通气条件外，还应注意呼吸的方法和节奏；

（3）在跑步前应做 3～5 分钟的准备活动；

（4）老年人开展室内原地跑之前，一定要征求医生的意见，并相应地做有关方面的检查；

（5）如果锻炼开始后不久即出现腹痛，且发生在上腹部及脐周等处，以钝痛、胀痛为主要症状，则主要是由于过饥或过饱状态所致，因此在原地跑之前应注意饮食及时间。

健身跑基本技术

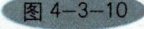

图 4–3–10